Kloster Küche

S·HILDEGARDIS·PROPHETISSA

Kloster Küche

OTUS

Inhalt

Was ist Klosterküche?

Wenngleich der Einfluss der Klöster auf das weltliche Leben in der heutigen Zeit nicht mehr so groß ist wie im Mittelalter, ist der Einfluss der Klosterküche noch bis heute spürbar und erlebt seit mehreren Jahren eine Renaissance. So dürften Hildegard von Bingen und ihre Erkenntnisse zur gesundheitlichen Wirkung von Lebensmitteln und Kräutern vielen Menschen ein Begriff sein. Auch die Erzeugnisse vieler Klöster sind heute überregional erhältlich. Oft umfasst dies Erzeugnisse des Genussbereichs, wie die Kräuterliköre des Andechser Klosters oder die Biere des Weltenburger Klosters, der nach eigener Auskunft ältesten Klosterbrauerei der Welt. Das Angebot so mancher Klöster umfasst heute eine breite Palette an (Bio-) Lebensmitteln und weiterverarbeiteten Produkten.

Traditionell waren Klöster immer Selbstversorger, und viele sind es heute noch. Durch Schenkungen gelangten viele Klöster in den Besitz umfangreicher Ländereien, wodurch sie weit mehr als nur eine bescheidene Subsistenzwirtschaft betreiben, sondern sich auf die Verfeinerung der Herstellungsprozesse veredelter Erzeugnisse wie Bier, Wein und Liköre, aber auch Käse- und Wurstspezialitäten konzentrieren konnten. Dieser reiche Erfahrungsschatz in puncto standortangepasster Anbau und regional geprägte Ernährung, den die Klöster über Jahrhunderte anhäuften, ist heute gefragter denn je.

Neben der Ernährung waren Klöster auch in die Heilkunde involviert und erlangten umfangreiche Kenntnisse über Eigenschaften und Heilkräfte von Lebensmitteln und speziell Kräutern. Dieses Wissen über Kräuter und ihre Wirkung fand ebenfalls den Weg in die Klosterküche und bereicherte die Rezepte.

Die Klosterküche ist zudem von vielen Fastentagen geprägt, zum Beispiel darf im Benediktinerorden an über 130 Tagen im Jahr kein Fleisch verzehrt werden. In der Klosterküche wechseln sich daher einfache Gerichte mit regionalen Zutaten und viel Gemüse mit aufwendig und raffiniert gewürzten Speisen ab. Über allem steht die Grundhaltung eines einfachen Lebens, weltlichen Versuchungen abgewandt, was allerdings oft nicht so streng praktiziert wurde, wie es die Ordensregeln glauben machen. Laut einer Anekdote ist zum Beispiel die Entstehung der schwäbischen Maultasche findigen Mönchen zu verdanken, welche die Ordensregeln wohlwollend auslegten, indem sie das Fleisch in einer Teigtasche „versteckten".

Das Leben im Kloster

Geschichte der Klöster

Die Tradition von Klöstern geht bereits auf das dritte Jahrhundert zurück, als sich christliche Gläubige, die ihren Glauben nicht als allein lebende Eremiten vertiefen wollten, zu Ordensgemeinschaften zusammenschlossen. Ziel der Mönche und Nonnen war es, den Weg der Armut, der Keuschheit und des Gehorsams zu gehen. Der erste Vorsteher eines Klosters war der heilige Pachomius der Ältere (287–347), der das erste Kloster auf der Nilinsel Tabennisi gründete, in welchem Mönche nach strengen Regeln zusammenlebten. Die Schwester von Pachomius dem Älteren gründete die erste klösterliche Frauengemeinschaft, und die heilige Hilarion von Gaza (291–371) gründete mehrere Nonnenklöster.

Der heilige Basilius der Große (329–379) führte als Erster allgemeingültige Regeln für das Klosterleben ein (Ziel eines Mönchslebens) und definierte auch die täglichen Pflichten und Aufgaben von Mönchen. Diese Basiliusregeln sind zum Teil heute noch in orientalischen Kirchen und der orthodoxen Kirche gültig. In das westliche Europa kam das Brauchtum des Mönchslebens durch den heiligen Athanasius (295–373). Auch der heilige Ambrosius, Hieronymus, Martin von Tours und Augustinus waren an der Verbreitung von Klostergründungen beteiligt. Der heilige Augustinus entwickelte von 388 bis 393 die Augustinusregel, die älteste abendländische Mönchsregel, die von den Augustinern übernommen wurde und auf der auch die weitverbreiteten Klosterregeln des heiligen Benedikt gründen. Dieser spielte eine entscheidende Rolle bei der Weiterentwicklung des Mönchtums im Abendland. Er lebte von 480 bis 547 und gab den Leitspruch „Ora et labora“, „Bete und arbeite“, vor, der auch heute noch der Leitspruch des Benedikti-

nerordens ist. Im Jahr 529 gründete Benedikt das Kloster Montecassino in Mittelitalien und stand diesem als Abt vor. Benedikt begründete drei Klostergelübde: Armut, Keuschheit und Gehorsam. Diese drei Gelübde müssen auch heute nach dem Noviziat für eine Dauer von mindestens drei Jahren abgelegt werden und nach Ablauf dieser Zeit noch einmal auf Lebenszeit.

Klöster im Mittelalter

Die große Zeit der Klöster war das frühe Mittelalter, als viele Klöster gegründet wurden und diese auch in der Gesellschaft eine große Rolle innehatten – man denke dabei nur an Romane wie „Der Name der Rose“ von Umberto Eco oder „Die Säulen der Erde“ von Ken Follett. Viele der großen Klöster sind auch heute noch erhalten und werden zum Teil auch noch von Nonnen und Mönchen bewohnt und bewirtschaftet.

Im Mittelalter waren Klöster zum einen Zentren des religiösen Glaubens, aber vor allem auch Bestandteil der weltlichen Gesellschaft. Klöster fungierten als Lehnsherrn für die Bauern und waren gleichzeitig Lehnsnehmer der Kirche oder eines Feudalherrn. Vor allem in späteren Jahrhunderten kümmerten sich Klöster um die Versorgung von Kranken (Klosterapotheke), boten Reisenden Unterkunft, betrieben Handwerk, Landwirtschaft und Handel und, speziell nach der Zeit der Reformation, oft auch eine Klosterschule. Darüber hinaus verliehen Klöster auch Geld wie heute Banken. Klöster waren auch die Bewahrer der Kultur und Zentren der Bildung, in einer Gesellschaft, in der die meisten Menschen nicht lesen und schreiben konnten. So wurden Kopien alter Bücher ausschließlich in Klöstern angefertigt und auch bedeutende ikonische Kunstwerke geschaffen, ganz abgesehen von den architektonischen Meisterleistungen mancher Klöster, die heute noch zu bewundern sind.

Viele Klöster hatten große Güter und Ländereien, die sie selbst bewirtschafteten oder bewirtschaften ließen. Dabei entwickelten die Nonnen und Mönche die Landwirtschaft und die Pflanzenzucht weiter. So wurden die Mendel'schen Regeln der Vererbung von dem

Augustinermönch Gregor Johann Mendel (1822–84), der mit Erbsen experimentiert hatte, formuliert. Auch im Bereich der Kräuter- und Heilkunde waren die Klöster führend und gaben das Wissen auch an die Bevölkerung weiter. Diese entscheidende Rolle als Entwicklungszentrum führte zu großzügigen Schenkungen von Ländereien durch Landesherren an viele Klöster, die oft auch Klöster in wenig entwickelten Gebieten neu gründen ließen. Aufgrund dieser Schenkungen wurden Klöster oft auch Stifte genannt, da sie vom Landesherrn gestiftet waren.

Reformationszeit – Bedeutungsverlust der Klöster

Um der zunehmenden „Verweltlichung" der Klöster entgegenzuwirken, die mit einem wenig frommen Lebenswandel der Nonnen und Mönche einherging, entstand im 10. und 11. Jahrhundert, ausgehend von der Benediktinerabtei Cluny in Burgund, Frankreich, eine Gegenbewegung. Ziele waren die strengere Beachtung der Benediktsregel, eine strenge Einhaltung der täglichen Gottesdienste und mehr Frömmigkeit bei den einzelnen Mönchen. Viele Klöster übernahmen die Reformen, zudem wurden viele neue Orden gegründet, wie die Orden der Karthäuser und der Zisterzienser. Zu Beginn des Spätmittelalters entstanden die Bettelorden, wie der Franziskanerorden, der 1210 vom heiligen Franz von Assisi gegründet wurde, und der Dominikanerorden, der 1216 vom heiligen Dominikus gegründet wurde. Bettelorden gründeten ihre Klöster in den Städten, predigten dem Volk und lehrten an den Universitäten. Unter den bekannten Gelehrten befinden sich zum Beispiel der Dominikaner Thomas von Aquin und der Franziskaner Roger Bacon. In allen größeren Städten gab es mindestens ein Kloster innerhalb der Stadtmauern, dessen Aufgabe die Versorgung der Kranken und Alten war.

Im 16. Jahrhundert wurden weitere neue Orden gegründet, da die Bedeutung der althergebrachten Orden in der Bevölkerung langsam abnahm. Unter diesen Orden waren die Kapuziner, die Jesuiten und die Kamillianer. Im 17. und 18. Jahrhundert brachten es die Klöster noch einmal zu einer neuen Blütezeit und es entstanden prunkvolle Barockbauten, Kunstsammlungen und reiche Bibliotheken. In Österreich ordnete Kaiser Joseph I. 1781 dann an, alle Klöster zu schließen, die keine Schulen und Pfarreien betreuten oder als Kranken-, Alten- oder Heilanstalten dienten, sondern rein kontemplativ, auf sich selbst bezogen waren. In Deutschland wurden viele Klöster nach dem Reichsdeputationshauptschluss von 1803 verweltlicht und fortan als Magazine, Schulen, Kasernen oder Gefängnisse genutzt. Mit der zunehmenden Entwicklung der Städte sank die Bedeutung der Klöster weiter. In den Städten gab es Handwerker, Schulen und Universitäten und schließlich auch Krankenhäuser. Nach der Reformation wurden daher viele Klöster geschlossen und viele der in Kriegen zerstörten Klöster wurden nicht wieder aufgebaut.

Evangelische Klöster

Der Mönch Martin Luther (1483-1546) leitete die Reformation und die Gründung der evangelischen Kirche ein und kritisierte die Klöster hart. Luther lehnte die Sichtweise ab, dass Nonnen und Mönche nach dem Ablegen ihres Gelübdes anderen Gläubigen überlegen sein sollten. Für ihn war eine Vergebung der Sünden nur durch die Gnade Gottes möglich, und für alle gleich. Auch das Keuschheitsgelübde lehnte er ab. Im 19. Jahrhundert wurden aber Diakonengemeinschaften gegründet, um den sozialen Problemen der sich entwickelnden Industriegesellschaft entgegenzuwirken. Das Regelwerk der Diakonissen fußte auf denselben Grundlagen wie die Klosterregeln, auf Armut, Ehelosigkeit und Gehorsam, allerdings legten Diakonissinnen kein Gelübde auf Lebenszeit ab. Im 20. Jahrhundert kam es dann zu einer Vielzahl evangelischer Klostergründungen. Einer der bekanntesten evangelischen Orden ist zum Beispiel der Johanniterorden.

Das Leben in einem evangelischen Kloster ist dem in einem katholischen Kloster heute sehr ähnlich und ist gleichsam auf das opus dei, das Gotteslob, ausgerichtet. Nonnen und Mönche haben ein Ordensgewand und kennen Ikonen, Weihrauch und die Einzelbeichte. Viele evangelische Orden beherbergen Gäste und ermöglichen es Besuchern, das Klosterleben eine Zeit lang mitzuerleben.

Klosterregeln

Klosterregeln bestimmen und fixieren die Leitlinien innerhalb einer Klostergemeinschaft aus Nonnen und Mönchen. Dabei haben die verschiedenen Orden ihre eigenen Ordensregeln aufgestellt, welche die Ziele, Verhaltensweisen und Regeln formulieren und in erster Linie die klösterliche Lebensweise betreffen.

Eine erste christliche Ordensregel wurde von Pachomios um das Jahr 325 aufgestellt. Meist beinhalten Ordensregeln die Beachtung von Armut (nur gemeinschaftliches, kein individuelles Eigentum), Ehelosigkeit und Gehorsam. In den Ordensregeln finden sich zudem Anweisungen zur Frömmigkeit, zur Arbeit und dem gemeinschaftlichen Zusammenleben sowie Bestimmungen zum Ablauf des Noviziats und der späteren Ordensgelübde. Die erste Klosterregel im Bereich des Abendlandes wurde von Augustinus (353–430) aufgeschrieben, nachfolgend sind Auszüge aus den Ordensregeln der Augustiner aufgeführt.

„Das erste Ziel eures gemeinschaftlichen Lebens ist, in Eintracht zusammenzuwohnen und ein Herz und eine Seele auf Gott hin zu sein. Lebt also in Eintracht und Liebe zusammen und ehrt in euch gegenseitig Gott, dessen Tempel ihr geworden seid." (1. Kapitel)

„Ihr sollt die für reicher halten, die im Ertragen von Entbehrungen stärker sind; denn wenig brauchen ist besser als viel haben." (3. Kapitel)

„Keinem darf das, was er nötig hat, versagt werden. Ihr seid um so weiter vorangekommen, je mehr ihr um eure Gemeinschaft statt um eure privaten Interessen besorgt seid, sodass alle zeitlichen Bedürfnisse überstrahlt werden von der Liebe, die ewig bleibt." (5. Kapitel)

„Der Obere soll sich nicht deshalb glücklich schätzen, weil er kraft seines Amtes gebieten, sondern weil er in Liebe dienen kann." (7. Kapitel)

„Ora et labora"

Der heilige Benedikt von Nursia stellte im Jahr 529 für sein Kloster Monte Cassino in Mittelitalien Regeln auf. Einfluss auf die Entstehung hatten die sogenannte Magisterregel und auch die Augustinusregel. Um das Jahr 800 wurde die Benediktsregel im gesamten Abendland zur maßgebenden Mönchsregel, lokale Besonderheiten waren aber möglich. Die Grundzüge der benediktinischen Lebensgestaltung lassen sich in Gebet, geistliche Lesung und Arbeit einteilen. Z.B. befassen sich die Kapitel 4 bis 7 mit den Tugenden des Gehorsams, des Schweigens und der Demut, in Kapitel 8 bis 20 geht es um Anordnungen für das opus dei, das Gotteslob. Daneben gibt es Regelungen zur Verwaltung des Klosters, den Diensten der Mönche, der Versorgung der Mönche, der Aufnahme von Gästen und dem Umgang mit Handwerk und Handwerkern von außerhalb. Das Ordensgelübde, das jede Nonne und jeder Mönch ablegen muss, umfasst die Versprechen von Beständigkeit (stabilitas loci, d. h. Bindung an ein bestimmtes Kloster), klösterlichem Lebenswandel und Gehorsam. Eine wesentliche Grundhaltung der Benediktsregel ist der Ansatz, dass alles „im rechten Maß, der Mutter aller Tugenden," geschehen soll.

Tagesablauf im Kloster

Der Tagesablauf richtet sich im Kloster ganz am opus dei aus, dem Gotteslob, welches die wichtigste Aufgabe innerhalb der Klostergemeinschaft ist. Dabei wird das opus dei sowohl gemeinschaftlich als auch individuell verrichtet, wobei sich die einzelnen Abläufe innerhalb der verschiedenen Orden unterscheiden. Die gemeinsamen Stundengebete werden im Chor der Kirche abgehalten.

Zurzeit des heiligen Benedikt wurden die 150 Psalmen aus der Bibel auf die Stundengebete einer Woche verteilt. Seit dem Zweiten Vatikanischen Konzil der 1960er Jahre dürfen die 150 Psalmen über einen Zeitraum von vier Wochen verteilt werden. Die Stundengebete, die Horen, werden achtmal am Tag praktiziert und bestehen aus Gebeten, Psalmen, Hymnen und Lesungen. Die erste Hore, Vigil, findet zwischen Mitternacht und dem frühen Morgen statt, wobei diese auch auf den Tag verlegt werden darf. Die Laudes, das Morgengebet, findet zu Anbruch des Tages statt, meist zwischen 6 und 8 Uhr. In den meisten Orden werden die drei kleinen Horen Terz, Sext und Non als

Mittagshore zusammengefasst, die vor dem Mittagessen stattfindet. Das zentrale Abendgebet ist die Vesper, nach der man bei der optionalen Rekreation zusammensitzt. Die letzte Hore des Tages ist das Komplet, das meistens um 20 oder 21 Uhr begangen wird. Danach setzt das nächtliche Stillschweigen ein.

Besucher können meist an der Mittagshore oder der Vesper teilnehmen, um einen Einblick in den Tagesablauf des Klosters zu erhalten. Die individuellen Gebete, das Lesen biblischer Texte, die lectio, das Nachdenken über das Gelesene, die meditadio, sowie die Hinwendung zu Gott im Gebet, die oratio, werden von den Mönchen und Nonnen in ihren persönlichen Klosterzellen oder im Kreuzgang abgehalten. Auch sie sind ein wichtiger Bestandteil im Tagesablauf des Klosterlebens.

Mahlzeiten im Kloster

Die Einnahme der Mahlzeiten im Kloster erfolgt gemeinsam im Refektorium. Das Wort Refektorium leitet sich dabei vom lateinischen Wort refectio ab, was Wiederherstellung, Labung, Erholung bedeutet. Die Nonnen und Mönche nehmen ihre Mahlzeiten dabei üblicherweise schweigend ein. Im Mittelalter gab es noch die Regel, einen Mönch, der das Schweigen brach, durch Entzug von Essen oder Trinken oder auch durch körperliche Züchtigung zu bestrafen. Während des Essens liest ein Mitglied des Ordens vor, wobei die Texte heute nicht mehr religiöser Natur sein müssen. In manchen Orden werden die Mahlzeiten nicht gemeinsam eingenommen, zum Beispiel bei den Kartäusern, bei denen jedes Mitglied die Mahlzeiten allein in seiner Zelle einnimmt und nur am Sonntag gemeinsam im Refektorium gespeist wird. Je nach Kloster und Orden gibt es zwei oder drei Mahlzeiten am Tag.

Ernährungslehre im Kloster

Allgemein gründen sich die Essensregeln der Klöster auf das Gebot der Mäßigkeit und die christlichen Ideale des Fastens und der Askese.

Völlerei gehört in der christlichen Glaubenslehre auch zu den sieben Todsünden. Nach Benedikt von Nursia gab es zur Gründungszeit seines Klosters zwei Stammessen zur Hauptmahlzeit („Wer etwa von dem einen nicht essen kann, dem bleibt zur Stärkung das andere"), kein Fleisch vierfüßiger Tiere und über 130 Fastentage. Allerdings hatte Benedikt diese Regeln durchaus flexibel gestaltet und vor allem dem Abt zugestanden, den Mönchen mehr zu erlauben, bei entsprechend harter Arbeit. Zudem vertraute Benedikt auf die Mäßigkeit der Mönche.

Bei der Formulierung seiner Regeln war Benedikt die Erhaltung der Gesundheit von Körper und damit auch von Geist und Seele ein Hauptanliegen. Die Klosterheilkunde, die in engem Zusammenhang mit den Ernährungsregeln zu sehen ist, versuchte die Gesundheit durch eine richtige Ernährung und eine gesunde Lebensführung zu erhalten und legte besonderes Augenmerk auf den Prozess der Verdauung und auf die Verdauungsorgane. Magen, Darm, Leber und Galle galten als entscheidend für Gesundheit als auch für Krankheit. Die Nahrung mit ihren Inhalts- und Wirkstoffen und ihre Verdauung waren daher in der Benediktinischen Ernährungslehre essenziell für die

Gesundheitserhaltung. Nonnen und Mönche sahen, und sehen, Nahrung als Geschenk, wie die Schöpfung, und fühl(t)en sich verpflichtet, dieses Geschenk sorgsam zu bewahren. „Der Gras hervorsprossen lässt für das Vieh und Pflanzen zum Dienst des Menschen, damit er Brot hervorbringe aus der Erde und Wein, der des Menschen Herz erfreut; damit er das Angesicht glänzend mache vom Öl und Brot des Menschen Herz stärke" (Schöpfungspsalm 104, 14 f.). Die „Leben spendenden Mittel" waren sowohl Lebensmittel als auch Heilmit-

tel, und eine gesunde Ernährung war laut der Klosterheilkunde der Mönche und Nonnen wichtig für die Vorbeugung von Krankheiten. Damit ging auch eine neue Weltsicht einher: Krankheit war nicht mehr nur Strafe für Sünden oder eine Prüfung Gottes, sondern war eng mit der Lebensweise, dem Umfeld und dem seelischen Zustand des Menschen verbunden.
Die Kunst des Anbaus und der Weiterverarbeitung lernten die Mönche von verschiedenen alten Kulturen. Hinweise für den Weinbau fanden sich zum Beispiel bei Vergil und Plinius, Cato und Horaz wussten, wie man gekonnt pökelt und räuchert. Auch griechisch-römische Kochbücher dürften als Vorlage gedient haben. Mönche bewirtschafteten Weinberge, Getreidefelder, Obst-, Gemüse- und Kräutergärten.

Angebaut wurden Pflanzen, die bereits den Römern als Gemüse und Heilpflanzen bekannt waren. Weiterentwicklungen bei Anbaumethoden und neue Technologien, wie das Pfropfen und die Zucht ertragreicherer Kulturpflanzen, verbreiteten sich aufgrund der miteinander vernetzten Klöster schnell. Für die zahlreichen fleischlosen Fastentage legten Klöster Fischteiche an, Fleisch wurde meist angeliefert.
In früheren Zeiten galt vielen Nonnen und Mönchen das Frühstück als ein zu frühes Brechen des nächtlichen Fastens. Die wichtigste Mahlzeit des Tages wurde daher in den späten Vormittagsstunden gegessen; diese war umfangreicher und gehaltvoller als das Abendessen, das in die späten Nachmittagsstunden fiel.

Ernährung im Mittelalter

Aufgrund der Ausbreitung der christlichen Glaubenslehre verbreiteten sich die kirchlichen Speisegebote auch außerhalb der Klöster. So war an allen Fastentagen der Verzehr von Fleisch und an besonders strengen Fastentagen der Verzehr tierischer Erzeugnisse wie Milch, Käse und Eiern untersagt. Die Anzahl der Fastentage schwankte regional, wies aber bis zu 150 Fastentage auf. Durch das Fastengebot verbreiteten sich der Verzehr von Stock-

fisch und Salzhering, und auch Mandeln und Mandelmilch kamen als Ersatz für Milch und Eier zum Einsatz, allerdings nicht beim ärmeren Teil der Bevölkerung. Generell ausgenommen von den Fastengeboten waren Kinder, Alte, Kranke, Pilger und Bettler.

Die ärmere Bevölkerung war es gewohnt auch ohne Fastenzeit auf Fleisch zu verzichten. Aus Brot, Getreidebrei und Gemüse wie Kohl und Pastinaken setzte sich ihre Basisnahrung zusammen, Fleisch war ein Gelegenheitsessen.

Aufgrund der vielen Fastentage, an denen Fleisch verboten, aber Fisch erlaubt war, spielte Fisch in der Ernährung im Mittelalter eine große Rolle. Getrunken wurde bevorzugt Wein oder Bier, vor allem in den Städten, da die Wasserqualität dort oft ungenügend war. Frische Milch bekamen nur Kranke und kleine Kinder, die meiste Milch wurde zu haltbarer Butter und Käse weiterverarbeitet, Produkten, die in der Winterzeit sehr wichtig waren, wenn die Kühe keine Milch gaben.

Es gab aber immer wieder Bestrebungen, die Fastengebote zu umgehen, wobei diese Bestrebungen mitunter auch sehr einfallsreiche Züge annahmen. Auch Umberto Eco beschreibt in seinem Roman „Der Name der Rose“ ganz andere Bilder als die von Askese und Enthaltsamkeit, und nicht umsonst gehen Erfindungen wie Lebkuchen, Champagner, Kräuterliköre, Whiskey und Bier auf Klöster zurück. Laut Benedikt war Mönchen zum Beispiel der Verzehr von Vögeln untersagt, doch der Abt des Klosters von Fulda entschied im 9. Jahrhundert, dass Gott Fische und Vögel am selben Tag aus dem Wasser erschaffen hatte und diese daher gleich zu behandeln wären. Aber selbst das Verbot, kein Fleisch vierfüßiger Tiere zu essen, ließ sich umgehen. So wurden in manchen Klöstern Rehrücken in Fischform gebacken. Beliebt war auch der Biberschwanz, da er aufgrund seiner Schuppen nicht unter das Fleischverbot fiel. Oder die Mönche bestimmten einen Raum innerhalb des Konvents als den „Saal der Barmherzigkeit“, der nicht zum Kloster zugehörig war – und in dem die Klosterregeln daher nicht beachtet werden mussten. Papst Benedikt XII. erlaubte 1336 schließlich den Genuss von Fleisch an vier Wochentagen.

Alkoholische Getränke

Neben Brot und Öl, die im Christentum eine große symbolische Bedeutung haben, spielte auch der Wein eine wichtige Rolle in der Ernährung und der Eucharistiefeier. Dabei war Wein nicht nur den oberen Schichten vorbehalten, sondern wurde in Weinanbaugebieten im Mittelalter von großen Teilen der Bevölkerung fast täglich getrunken, was auch der teils schlechten Trinkwasserqualität geschuldet war. Wein stand auch im Ruf, gesund zu sein, die Verdauung zu unterstützen, die Bildung von „gutem" Blut zu fördern und die Stimmung aufzuhellen.

Das Reifen von qualitativ hochwertigem Wein erforderte spezielle Kenntnisse sowie geeignete Lagerräume und Fässer; beides war in den Klöstern verfügbar, und viele Klöster besaßen ausgedehnte Weinberge. Auch Bier wurde im Frühmittelalter überwiegend in Klöstern gebraut. Wenngleich in späteren Jahrhunderten viele kleine Brauereien entstanden und die Klöster nicht mehr führend waren, gibt es heute noch viele Klosterbrauereien, so zum Beispiel im Kloster Weltenburg, im Kloster Andechs und im Kloster Ettal.

Die Bedeutung alkoholischer Getränke wie Bier und Wein im klösterlichen Leben lässt sich aus dem Spruch „Liqidum non frangit jejunum", „Flüssiges bricht das Fasten nicht", ersehen. Das von Mönchen erstmals auf Hopfenbasis gebraute Bier wurde wegen seiner beruhigenden Wirkung bereits im Jahr 817 vom Klosterreformkonzil in Aachen zum christlichen Heiltrank erklärt, dessen Genuss auch an Fastentagen erlaubt war. Der Biergenuss diente auch der Anhebung der Stimmung unter den Mönchen an den Fastentagen.

Neben der Herstellung von Bier und Wein sind viele Klöster auch für ihre Kräuterliköre bekannt. Jedes Kloster hatte ein geheimes Rezept für dieses wirkungsvolle Medikament, das „Aqua vita", Wasser des Lebens, und in vielen Klöstern werden heute noch Kräuterliköre, basierend auf den alten Rezepten, hergestellt. Neben Bier und Kräuterlikör geht selbst die Erfindung des Champagners auf Mönche zurück. Der Benediktinermönch Dom Pérignon aus der französischen Abtei Hautvillers hatte herausgefunden, wie man Wein aus der Champagne kontrolliert zur Schaumbildung anregt, moussieren lässt.

Ernährung im Jahreslauf

Die Ernährung im Kloster war im Mittelalter von den natürlichen Abläufen der Ernte bestimmt. Auch heute ist das Essen im Kloster geprägt von den verschiedenen Feiertagen und Fastenzeiten. Der Rhythmus des Kirchenjahres entspricht immer auch dem Rhythmus der Natur; das Werden und Vergehen der Natur steht symbolisch für das eigene Leben. Viele christliche Feste haben ältere Bräuche abgelöst. So wird im Christentum Mariä Verkündung anstelle des römischen Fests der Aussaat gefeiert, um die Entstehung göttlichen Lebens zu feiern. Die Fastenzeit vor Ostern ist die Zeit körperlicher und seelischer Reinigung, bevor an Ostern das Entstehen neuen Lebens gefeiert wird und der Sieg Jesu über den Tod nach der Erstarrung des Winters. Im Mittelalter sollten die Gläubigen an den Fastentagen vor Ostern nur eine Mahlzeit am Tag zu sich nehmen, und auch der Verzehr von Milch, Eier, Butter und Käse war verboten. Dies wurde nicht nur von der Bevölkerung, sondern auch von vielen Nonnen und Mönchen als schwere Prüfung empfunden. Daher gab es viele Versuche, die Regeln durch eine großzügige und zuweilen fantasievolle Auslegung derselben zu umgehen. Zum Beispiel zählte Fisch zu den erlaubten Fastenspeisen. Um den Speiseplan ab-

wechslungsreicher zu gestalten, wurde dabei sehr großzügig definiert, was noch unter den Begriff „Fisch" fiel. Neben Walen, Muscheln und Flusskrebsen zählten sogar Weißwangengans, Papageientaucher und Biber darunter. Der Biber wurde aufgrund seines schuppigen Schwanzes zu den Fischen gezählt.
Auf dem Höhepunkt des Sommers wird in den Klöstern Mariä Himmelfahrt gefeiert. Bei diesem Fest werden Kräuterbüschel gesegnet, um die heilenden Kräfte der Natur zu ehren. Im Herbst findet das Erntedankfest statt, mit dem der Ernte der Natur, aber auch der Ernte des Lebens, der Entwicklung des Einzelnen, gedankt wird. Im November wird an Allerheiligen an die Verstorbenen gedacht, in dem Monat, an dem auch das Wachstum der Natur aufhört und sich in die Stille des Winters zurückzieht. Früher war auch die Zeit vor Weihnachten eine Fastenzeit, heute hat sich dies auch in den Klöstern gewandelt. Der Höhepunkt im Winter ist natürlich an Weihnachten die Geburt Jesu Christi, dessen Wiederauferstehung an Ostern den Winter beendet und erneut das Entstehen neuen Lebens in der Natur und das ewige Leben feiert.

Klostergarten

Die Selbstversorgung mit allen wichtigen Gütern des Alltags war für die in den Klöstern lebenden Mönche und Nonnen schon seit jeher ein wichtiger Bestandteil ihrer Lebensführung, dies galt besonders für die abseits von Siedlungen gelegenen Ordensgemeinschaften. Was sie zum Leben brauchten, wurde in der Natur gesammelt, selbst angebaut oder hergestellt. Durch den Kontakt mit Ordensleuten aus anderen Ländern pflegten Mönche und Nonnen einen regen Austausch an Pflanzen, die Einzug in die heimischen Klostergärten hielten.
Für die Krankenpflege war das Wissen um die Wirkung von Heilpflanzen unerlässlich. So wurden die Klöster zu wichtigen Produktionsstätten für Heilkräuter und waren gleichzeitig Krankenstationen für das Umland. Es ist den Gottesdienern zu verdanken,

dass das jahrtausendealte Heilwissen bis in die heutige Zeit erhalten blieb. Denn neben der praktischen Anwendung des Kräuterwissens fertigten Mönche Kopien alter Kräuterbücher an. Zudem wurden einige Ordensmänner und -frauen für ihre Kenntnisse der Kräuterkunst bekannt, darunter die Benediktiner Walahfrid Strabo (808-849) mit seinem Werk „Hortulus" und Hildegard von Bingen (1098-1179) mit ihren Arbeiten „Physica" und „Causae et curare".

Die Klostergartenanlage

Bereits aus dem Jahr 812 stammt die „Capitulare de villis". Kaiser Karl der Große legte darin unter anderem fest, wie ein Klostergarten auszusehen habe und welches Obst, welche Gemüse und welche Kräuter in den Klostergärten angebaut werden sollten. Die Urform des Klostergartens ist der von Mauern umschlossene mittelalterliche Klostergarten mit einem ihn umgebenden Säulengang. Im Klostergarten wuchsen aber nicht nur Medizin und Küchenkräuter, sondern auch Gemüse und Blumen. Eines der bedeutendsten frühen Werke über die Kraft der Kräuter ist das Gartengedicht des Walahfrid Strabo, Abt im Kloster Reichenau im 9. Jahrhundert. Hier begegnen sich Praxis und Wissenschaft, Nutzen und Poesie, Natur und Kultur, Gartenbau und Heilkunst.

Pflanzen im Klostergarten

Aus den Klostergärten gelangten viele Pflanzen in die Gärten der Bauern, und so sind ursprünglich im Mittelmeerraum beheimatete Gewächse, wie Fenchel und Liebstöckel, längst bei uns heimisch geworden. Laut den Anordnungen Kaiser Karls des Großen gehörten unter anderem folgende Kräuter in einen Klostergarten: Anis, Dill, Kümmel, Petersilie, Ringelblume, Rosmarin, Salbei, Schwarzkümmel und Tausendgüldenkraut.

Klostergarten für Zuhause

Einen Kräutergarten im klösterlichen Stil kann man auch im eigenen Garten umsetzen. In Rechtecke aufgeteilt und mit Einfassungen aus Holzplanken, Ziegelsteinen oder Steinfliesen umrandet, bekommt der Garten seinen klassischen Stil. Setzt man die größten Pflanzen an der Nordseite und ordnet sie abnehmend gen Süden, bekommen alle genug Licht. Mit Pflanzentreppen oder Regalen kann man auch auf einem Balkon seinen eigenen kleinen Klostergarten realisieren. Den letzten Schliff geben kleine Schildchen mit den Namen der Kräuter.

Klöster und Orden

Früher waren Klöster Zentren des Wissens, der Bildung sowie landwirtschaftlicher Methoden. Auch Techniken im Brauereiwesen und der Herstellung von Destillaten gehen auf Klöster zurück, ebenso wie das Wissen über die Heilkräfte von Kräutern. Vor allem die Zeit der Säkularisation hat vielen Klöstern in Deutschland ein Ende bereitet. Heute bietet sich ein sehr vielfältiges Bild an Klöstern. Einige sind wieder im Besitz ihrer Orden und bedeutende Wirtschaftsstandorte mit großen Gütern und Betrieben. Andere sind im staatlichen Besitz und dienen als Museum oder spirituelle Begegnungsstätte. In vielen können Menschen „auf Zeit" das Klosterleben mitleben. Nachfolgend finden Sie eine keineswegs erschöpfende Auswahl an Klöstern im deutschsprachigen Raum.

Kloster Andechs

Das Kloster Andechs ist der älteste Wallfahrtsort Bayerns. Als auf dem „Heiligen Berg" verloren geglaubte Reliquien gefunden wurden, wurde die heute noch bestehende Kirche von 1416 bis 1423 erbaut und zur Betreuung der Wallfahrt 1455 schließlich das Kloster gegründet. 1803 wurde das Kloster im Zuge der Säkularisation aufgelöst, 1846 zogen aber bereits wieder Mönche auf den Heiligen Berg, da das Kloster als Wirtschaftsgut für die 1850 gegründete Benediktinerabtei St. Bonifaz in München dienen sollte (und dies auch heute noch tut).

Kloster Arenberg

Das Kloster Arenberg blickt auf eine eher junge Geschichte zurück: 1864 zogen Dominikanerinnen in das Kloster ein. Aufgrund der Wallfahrtskapelle wurde Arenberg zu einem beliebten Pilgerort. Ende des 20. Jahrhunderts war das Kloster allerdings in seiner Existenz bedroht – und tat daher den eher ungewöhnlichen Schritt, einen Wellnessbereich zu eröffnen. Heute ist das Kloster gut ausgelastet und gehört seit 2002 zum UNESCO-Weltkulturerbe.

Hinter dem Wellnessangebot steht der ganzheitliche Ansatz, körperliche und seelische Gesundheit miteinander zu verbinden: „Erst als ich Ordnung in die Seelen der Menschen brachte, besserten sich auch die körperlichen Gebrechen“ (Sebastian Kneipp).

Kloster Banz

Das Benediktinerkloster in Bad Staffelstein wurde 1069 gegründet. Nach der Säkularisation richtete Herzog Wilhelm in Bayern 1814 hier seine Sommerresidenz ein. Nach dem Ersten Weltkrieg hielten hier Trappistenmönche Einzug, 1933 ein Missionsorden. Seit 1979 dient das Kloster der Hanns-Seidel-Stiftung als Bildungszentrum mit Gästezimmern, Speisesälen und dem rustikalen „Bierstübla“ im einstigen Kartoffelkeller.

Kloster Benediktbeuren

Das durch den Fund der mittelalterlichen Liedersammlung „Carmina Burana“ bekannte Kloster gründete Karl Martell 725 als Wach- und Kontrollstation. 739 wurde es zu einer Abtei der Benediktiner, die hier eine umfangreiche Landwirtschaft aufbauten. Seit 1930 gehört es der Ordensgemeinschaft der Salesianer Don Boscos, die u. a. zwei Hochschulen, ein Kloster-Café im ehemaligen Refektorium, eine Klostergärtnerei auf dem Gelände des einstigen Klostergartens mit dazugehörigem Laden, einen Kräuter-Erlebnis-Laden und das Kloster-Bräustüberl betreibt.

Kloster Bonlanden

Das Franziskanerinnenkloster Bonlanden wurde erst 1854 gegründet. Dafür sind die Bewohnerinnen nicht nur in Deutschland, sondern auch in Südamerika, in Argentinien, Brasilien und Paraguay, im sozialen Bereich in Schulen, Kinder- und Jugendzentren aktiv. Der Krippenweg mit einer begehbaren Barockkrippe ist ein besonderes Highlight des Klosters.

Kloster Chorin

1258 gründeten brandenburgische Markgrafen das Vorgängerkloster Mariensee, etwa acht Kilometer vom späteren Kloster Chorin entfernt. Aufgrund der unzugänglichen Lage wurde das Zisterzienserkloster 1273 an seinen heutigen Ort verlegt. Die zur Eigenwirtschaft angehaltenen Zisterzienser betrieben auf dem umliegenden Gebiet Ackerbau, Viehzucht und Höfe und legten einen Wassergraben an, der den Betrieb der Klostermühlen ermöglichte. Das Kloster wurde 1542 säkularisiert und dient heute als Veranstaltungsort, z. B. für Konzerte und Klostermärkte.

Kloster Corvey

Das Anfang des 9. Jahrhunderts gegründete Kloster Corvey mit seiner wertvollen Bibliothek gehörte zu den bedeutendsten deutschen Klöstern des Mittelalters. Bis 1792 war es eine reichsunmittelbare Benediktinerabtei, dann wurde es in ein Fürstbistum umgewandelt. Dieses bestand bis 1825, einige Jahre später ging es in Privatbesitz über und ist heute ein kultureller Veranstaltungsort.

Kloster Eberbach

Die Zisterziensermönche des 1136 im Rheingau gegründeten Klosters lebten durch die Orientierung an den Benediktregeln in Eigenwirtschaft. Das Kloster unterhielt ein ausgedehntes Netz selbstbewirtschafteter Wirtschaftshöfe für Getreide- und Obstanbau, Getreidemühlen, Viehzucht und Weinbau. Vor allem letzter verhalf dem Kloster zu Profit und Berühmtheit. 1803 wurde das Kloster aufgelöst und die Weinbaudomänen gingen in staatliches Eigentum über. Noch heute findet sich in den Klostergebäuden eine Vinothek der Hessischen Staatsweingüter. Daneben dient das Kloster als Veranstaltungs- und Tagungsort.

Kloster Einsiedeln, Schweiz

Anders als in Deutschland wurden die Klöster in der Schweiz nicht aufgelöst, daher besteht die benediktinische Klostergemeinschaft von Einsiedeln ununterbrochen seit dem Jahr 934. Das Benediktinerinnenkloster Fahr bei Zürich gehört ebenfalls zur Abtei Einsiedeln, zusammen bilden die beiden Klöster damit das weltweit einzige noch heute erhalten gebliebene benediktinische Doppelkloster. Die verschiedenen handwerklichen Betriebe des Klosters, wie Malerei, Maurerei, Schmiede, Schreinerei, Steinhauerei etc., sind hauptsächlich für den eigenen Unterhalt des Klosters bestimmt.

Benediktinerabtei Ettal

Das Kloster Ettal ist mit der Gründung im Jahr 1330 ein relativ junges Benediktinerkloster. Seine Blütezeit erlebte es im 17. und 18. Jahrhundert. Nachdem das Klostergebäude 1744 bei einem Brand zerstört wurde, begann der Wiederaufbau im Barockstil – bis zur Säkularisation 1803, durch die nicht nur die Fertigstellung der Anlage, sondern auch das klösterliche Leben für 100 Jahre stillgelegt wurde. 1900 konnte die Abtei wiederbesiedelt werden.

Benediktinerinnenabtei Fulda

Das Kloster Fulda wurde 744 im Auftrag des heiligen Bonifatius gegründet, Kirche und Kloster der Benediktinerinnen wurden aber erst 1631 errichtet. Das Nonnenkloster überstand die Säkularisation 1802 unter der Auflage, eine Mädchenschule zu übernehmen. Der 2.000 Quadratmeter umfassende Garten des Klosters vereint alle Elemente eines Gartens in sich: einen Nutzgarten mit Gemüse, Beeren und Baumobst, einen Kräutergarten, einen Ziergarten, eine Kompostanlage und einen Gärort für Pflanzenjauchen und Kräuterbrühen, stille Sitzplätze, Bäume und Laubengänge, ein Folienhaus und ein Kleingewächshaus.

Kloster St. Gallen, Schweiz

Im Jahr 719 wurde das Kloster St. Gallen an der Stelle des Grabes des irischen Möchs St. Gallus gegründet. Die Benediktinerabtei wurde 1805 aufgehoben. Seit 1846 ist sie Bischofssitz. Die Klosteranlage mit der kostbaren Bibliothek wurde 1983 in die UNESCO-Weltkulturerbeliste aufgenommen. Das Werk Benedictiones ad Mensas (1060) des Klosterchronisten Ekkehart IV., Segenssprüche über die in St. Gallen gereichten Speisen – von Pfau, Gans und Fasan über Ochsen, Wildbret und Schwein bis hin zu Wein und Bier –, ist eine aufschlussreiche Quelle über den Reichtum der spätmittelalterlichen Klosterküche, die im Gegensatz zur vom Hl. Benedikt vorgeschriebenen Mäßigkeit steht.

Abtei St. Georg in Weltenburg

Das Kloster Weltenburg hat nicht nur die älteste Klosterbrauerei der Welt, sondern ist auch die älteste klösterliche Niederlassung in Bayern mit der Gründung um das Jahr 600. Die berühmte Abteikirche wurde von 1716 bis 1739 erbaut. 1803 wurde das Kloster im Zuge der Säkularisation aufgelöst, aber 1842 wieder von Mönchen besiedelt.

Abtei St. Hildegard

Kaum eine Äbtissin dürfte es zu solcher Berühmtheit gebracht haben wie die heilige Hildegard von Bingen. Sie gründete ihr erstes Kloster Rupertsberg 1150 und erwarb 1165 noch das ehemalige Augustinerkloster Eibingen bei Rüdesheim. Rupertsberg wurde 1632 von den Schweden zerstört, Eibingen 1803 im Zuge der Säkularisation geschlossen. 1900 wurde der Grundstein für die Errichtung des neuen Klosters in Eibingen gelegt, 1904 zogen 12 Benediktinerinnen in das Kloster ein. Heute beherbergt das Kloster eine vitale Gemeinschaft aus Nonnen.

Abtei Himmerod

Bernhard von Clairvaux gründete die Zisterzienserabtei 1134. 1802 wurde sie unter napoleonischer Herrschaft aufgehoben. 1922 wurde sie jedoch neu gegründet. Heute leben hier zehn Mönche und es finden verschiedene Veranstaltungen statt. In der alten Mühle der Abtei mit historischem Backofen ist heute ein Museum eingerichtet. Die Klostergaststätte bietet Gerichte mit Zutaten aus eigener Landwirtschaft sowie Salaten aus dem Klostergarten wie „Himmeroder Mönchsklöße" und im Klosterladen gibt es u. a. Spezialitäten der Abtei wie Honig, Klosterlikör oder Abteibier.

Kloster Isenhagen

Das Kloster Isenhagen nahm seinen Anfang als Mönchskloster der Zisterzienser im Jahr 1243. Bereits 1262 zogen Nonnen in das Kloster ein, 1336 wurde das Kloster von einem Brand zerstört, das heute bestehende Gebäude geht aber bereits auf das Jahr 1345 zurück. 1540 wurde aus dem Zisterzienser-Nonnenkloster ein evangelisches Damenstift. In diesem leben alleinstehende evangelische Frauen in einer christlichen Lebensgemeinschaft mit einer Äbtissin, wobei die Frauen meist mit 65 Jahren eintreten, nach Abschluss ihrer Berufstätigkeit. Die Hauptaufgaben der Konventualinnen ist es, Besuchern die Kunstschätze des Klosters nahezubringen und ihren Gartenanteil zu pflegen.

Stift Kremsmünster, Österreich

Dem 777 durch Bayernherzog Tassilo III. gegründeten Stift gehören heute 52 Mönche an. Ab Mitte des 17. Jahrhunderts entwickelte sich das Benediktinerkloster zu einer umfangreichen Anlage mit Stiftskirche, Bibliothek, Fischkalter (für die Fischzucht) und Wirtschaftshöfen. Auch heute noch unterhält das Kloster u. a. ein verpachtetes Weingut mit Weinkellerei, einen ebenfalls verpachteten Stiftsschanke, einen Forstbesitz mit Jagd und Fischerei und eine Klostergärtnerei, die u. a. Kräuter, Gemüse und Fruchtsäfte erzeugt und verkauft.

Kloster Kreuzberg

Das Kloster Kreuzberg ist ein Franziskanerkloster und liegt auf dem gleichnamigen Kreuzberg bei Bischofsheim an der Rhön auf einer Höhe von 864 Metern. Erbaut wurde die heutige Wallfahrtskirche zusammen mit einem Kloster in den Jahren 1681–1692 unter Fürstbischof Peter Philipp. Seit dieser Zeit ist der Kreuzberg ein viel besuchter Wallfahrtsort und inzwischen auch ein beliebtes Ziel für Wanderer, Fahrradfahrer und Naturfreunde allgemein. Das Kloster Kreuzberg zählt jährlich über 500.000 Besucher, darunter auch 70 bis 80 Wallfahrer zum „Heiligen Berg der Franken". Die anderen Besucher kommen zum Kloster, um in der Klosterschenke einzukehren und das Klosterbier aus der eigenen Klosterbrauerei zu genießen. Das sogenannte Kreuzbergbier aus der eigenen Klosterbrauerei gibt es seit 1731. Auch Übernachtungen sind in den Gasträumen des Klosters möglich.

Kloster Lorsch

Das Kloster Lorsch ist kein von Mönchen oder Nonnen bewohntes Kloster mehr, sondern ein Zentrum für Museumspädagogik – und auch Weltkulturerbe der UNESCO. Der Gründung als kleines benediktinisches Kloster im Jahr 764 folgte der Aufstieg zu einem der reichsten Grundbesitzer östlich des Rheins. Aufgrund von Streitigkeiten der (potenziellen) Lehnsherren ging das Kloster in den Besitz des heiligen Nazarius über, dessen Gebeine in Lorsch die letzte Ruhestatt fanden. Nach dem Niedergang der Benediktinischen Ära 1229 wohnten von 1232 bis 1248 Zisterzienser in der Abtei, 1248 folgten Prämonstratenser. 1621 verwüsteten spanische Truppen die Klosteranlage, die seither über viele Jahrzehnte als Steinbruch für die gesamte Region diente. Erst in den 1930er Jahren wurde Lorsch nach Ausgrabungen wieder rekonstruiert. Heute kann man die mittelalterliche Klosterküche im Rahmen von Kochkursen kennenlernen, die Kloster Lorsch anbietet.

Kloster Maria Laach

Das Benediktinerkloster Maria Laach wurde 1093 in Laach in der Eifel gegründet. Im Zuge der Säkularisation wurde die Abtei 1802 aufgehoben und 1820 in einen Gutshof umgewandelt. Die Wiederbesiedlung durch Benediktinermönche erfolgte schließlich 1892, nachdem zwischenzeitlich Jesuiten das Gebäude genutzt hatten. Heute leben etwa 50 Mönche im Kloster.

Kloster Mariensee

Das evangelische Kloster Mariensee wurde 1207 als Frauenkloster der Zisterzienser gegründet und wurde 1543 evangelisch. Die architektonischen Gegensätze, von der schlichten Klosterkirche aus der Gründungszeit über die strenge Architektur des Kreuzgangs bis zur üppigen Pracht der blühenden Gärten, erzählen von der für Klöster typischen wechselhaften Geschichte.

Abtei St. Marienstern

Die 1248 gegründete und seitdem ununterbrochen bestehende Zisterzienserinnen-Abtei in der Oberlausitz liegt auf dem von katholischen Sorben besiedelten Gebiet und ist eng mit der sorbischen Kultur verbunden. So werden nicht nur viele Gottesdienste auf Sorbisch gehalten, auch im „Klosterstüberl" der Abtei werden sorbische Gerichte wie das traditionelle Hochzeitsmahl angeboten. Im „Klosterkeller" kann man außerdem tafeln wie im Mittelalter.

Die Klosterbrauerei St. Marienstern bestand seit 1700 und musste im Jahr 1973 aufgrund der Enteignungen in der DDR ihre Pforten schließen. Seit 1993 wird das Klosterbräu in der benachbarten Stadt Wittichenau wieder nach alter Rezeptur hergestellt und im Kloster ausgeschenkt.

Kloster St. Marienthal

Die Nonnen des 1234 gegründeten Klosterstifts St. Marienthal mussten mit Beginn der Reformation immer wieder gegen Bestrebungen ankämpfen, ihr Kloster in ein evangelisches Damenstift umzuwandeln. Trotz eines Daseins in der protestantischen Diaspora hielten die Schwestern an ihrem katholischen Glauben fest. Immer wieder wurde das Kloster seither in seiner Existenz bedroht – sei es durch den preußischen Staat, der 1801 mit Aufhebung im Zuge der Säkularisation drohte, das NS-Regime, die sozialistische Regierung der DDR und nicht zuletzt durch die schweren Hochwasser von 1897 und 2010.

Trotz aller Rückschläge versuchen die Schwestern weiterhin erfolgreich, durch Einrichtungen wie die Klosterbäckerei, den Klostermarkt und die Klosterschänke das Kloster als solches zu erhalten.

Kloster Maulbronn

Das Kloster Maulbronn wurde 1138 von Zisterziensern gegründet und bekam vom Bischof umfangreiche Ländereien geschenkt, welche die Grundlage für das bedeutende ökonomische Potenzial des

Klosters bildeten. Das Kloster zählt zum Weltkulturerbe der UNESCO und gilt als die am besten erhaltene mittelalterliche Klosteranlage nördlich der Alpen.

Kloster Münsterschwarzach

Das Kloster Münsterschwarzach wurde 780 als Nonnenkloster gegründet und 877 von Benediktinermönchen übernommen. In den folgenden Jahrhunderten wurde es mehrmals zerstört, verlassen oder geschlossen. Die längste Phase war von 1803, als es im Zuge der Säkularisation geschlossen wurde, bis zur Wiederbegründung 1913. Seit 1914 ist die Abtei in der Missionsarbeit tätig. Während des Zweiten Weltkriegs wurde das Kloster wiederum geschlossen und diente als Lazarett, die Arbeit der Mönche wurde danach aber fortgeführt. Heute ist die Abtei, die auch für Pater Anselm bekannt ist, auf vielen Gebieten tätig und unterhält ein Gymnasium sowie verschiedene Arbeitsbereiche und Werkstätten wie einen Verlag, eine Goldschmiede, eine Bäckerei und Metzgerei, eine Klosterschmiede und eine umfangreiche Landwirtschaft mit 118 Hektar Fläche, Rindern, Schafen und einer Gärtnerei.

Seit 2008 hat das Kloster Münsterschwarzach seinen CO2-Ausstoß auf unter Null reduziert. Die Schule und die Gewerbetriebe des Klosters erzeugen ihre Energie klimaneutral und 90 bis 95 Prozent der Energie kommen aus regenerativen Quellen wie einer Biogasanlage, Solarthermie, Fotovoltaik, Windkraft aus der Beteiligung an einem Windpark und einem Wasserkraftwerk – die Kraft des Wassers wird in der Abtei übrigens seit über 750 Jahren genutzt. Für dieses Engagement wurde die Abtei bereits mit diversen Förderpreisen ausgezeichnet.

Kloster Neresheim

Die Abtei Neresheim wurde im Jahr 1095 gegründet und zunächst von Augustinern und ab 1106 von Benediktinermönchen bewohnt. Bis zur Säkularisation im Jahr 1802 bestand das Kloster ununterbrochen. Eine Wiederbesiedlung ließ über 100 Jahre auf sich warten und wurde 1919 von den Fürsten von Thurn und Taxis ermöglicht. Eine Besonderheit der Benediktinerabtei ist die Abteikirche, das geistliche und architektonische Zentrum der Klosteranlage, erbaut von 1750 bis 1792. An allen Tagen des Jahres versammeln sich die Mönche des Klosters mit anderen Christen in der Kirche zur Feier der Liturgie. Für Gäste unterhält das Kloster Neresheim in der Tradition der benediktinischen Gastfreundschaft ein Klosterhospiz, das es ermöglichen soll, der Schnelllebigkeit unserer Zeit eine Weile zu entfliehen. Das umfangreiche landwirtschaftliche Klostergut, das 200 Hektar umfasst sowie Rinder, Schweine und Hühner, wird von einer Familie bewirtschaftet, die Produkte sind auch im Klostergutladen erhältlich.

Stift Neustift, Südtirol

Mitte des 12. Jahrhunderts gründete Hartmann, der frisch zum Bischof von Brixen ernannte Propst des Augustiner Chorherrenstiftes Klosterneuburg bei Wien, das Augustiner Chorherrenstift Neustift. Durch großzügige Stiftungen erlangte das Kloster bis zum Jahr 1500 eine große Menge an Gütern mit etlichen Höfen, Mühlen, Wein- und Obstgärten, Weiden und Äckern. Auch heute noch führen die Chorherren einen Weinkeller mit eigenen Erzeugnissen, Produktion und Verkauf weiterer landwirtschaftlicher Produkte wie Obst und Kräuter, dazu ein Bildungshaus, eine Privatschule und ein Schülerheim.

Benediktinerabtei Niederaltaich

Die Benediktinerabtei Niederaltaich wurde 741 von Bayernherzog Odilo gegründet. Im Bereich des Bayerischen und des Böhmerwaldes sowie in der Ostmark wurde es ein Hauptstützpunkt der deutschen und christlichen Kultur. Das imposante Barockkloster Niederaltaich mitsamt der heutigen Kirche wurde erst Anfang des 18. Jahrhunderts gebaut. Kurz darauf begann für das Kloster eine schwere Zeit, angefangen mit der Säkularisation 1803, was zum vorläufigen Ende des Klosters führte. Zudem kam es 1813 zu einem Kirchenbrand, der zum Abbruch großer Teile der ehemaligen Barockanlage führte. Die Wiederbesiedelung des Klosters dauerte bis 1918. Seit den 1930er Jahren sind die Schwerpunkte des Klosters die Verbindung zur Ostkirche und die Aufnahme des byzantinischen Ritus; seit 1986 gibt es auf dem Klostergelände eine kleine und eine große byzantinische Kirche. Besucher können im Gästehaus des Klosters verweilen und auch eine Zeit lang den Klosteralltag miterleben. Für Gruppen bieten die Mönche auch individuell zugeschnittene Gruppenangebote zu Spiritualität, Ökumene, der Ostkirche, dem Klosterleben und weiteren Themen an.

Stift Nonnberg, Österreich

Die Benediktinerinnen vom Stift Nonnberg können sich rühmen, das weltweit älteste christliche Frauenkloster mit ununterbrochener Tradition zu sein. Gegründet wurde das zum UNESCO-Weltkulturerbe gehörende Stift 711 oder 712, die benediktinische Regel wurde aber erst im 9. Jahrhundert angenommen. 1464 erfolgten nach einem Brand der Wiederaufbau und die Errichtung der gotischen Kirchen und der anderen Baulichkeiten. Bis 1451 nahm das Kloster nur adelige Frauen auf, und bis ins 19. Jahrhundert hinein wurden bürgerliche Frauen nur als dienende Schwestern eingegliedert. Aufgrund der jahrhundertelangen Stellung als Adeligenstift verfügte das Kloster über reiche Besitztümer. Bedeutende Kunstwerke wie der Nonnberger Faltstuhl konnten sich bis heute erhalten. Das Kloster verfügt über eine Keramikwerkstätte, in der Abdrücke alter Modelle gefertigt werden, ein Gästehaus und den Erentrudishof – eine biologisch geführte Landwirtschaft.

Kloster Nütschau

Die Geschichte des Klosters Nütschau begann, als 1951 der Bischof von Osnabrück das Gut Nütschau erwarb. Es geht zurück auf ein ab 1577 vom Grafen Heinrich Rantzau errichtetes Wasserschloss, dem nach dem Einzug der Benediktiner weitere Gebäude wie die Klosterkirche, Speiseräume und eine Küche hinzugefügt wurden. Ein Bildungshaus und ein Jugendhaus stehen für verschiedene Veranstaltungen zur Verfügung und man kann als Gast am Klosterleben teilhaben.

Paulanerkloster München in der Au

Das Paulanerkloster in der Münchner Au wurde 1623 gegründet. Ab 1634 nahmen die Mönche den Braubetrieb für den Eigenbedarf in der kargen Fastenzeit und den öffentlichen Ausschank an Festtagen des Ordensgründers auf. Was übrig blieb, wurde an die Armen verschenkt oder in den Klosterschänken verkauft. Das Kloster wurde 1799 aufgehoben, die Brauerei wurde zunächst staatlich verpachtet und 1813 an den Braumeister Franz Xaver Zacherl verkauft, der die Brauereitradition weiterführte. Das Abbild des Ordensgründers Franz von Paola ziert noch heute das Brauereilogo.

Benediktinerabtei Plankstetten

Gegründet wurde das Benediktinerkloster 1129. Die Klosterbiere wurden von 1461 bis 1958 immer am gleichen Ort, nämlich dem alten Brauereigebäude (heute Bibliothek), gebraut. Im Zuge der Säkularisation wurde das Kloster Plankstetten 1806 aufgelöst und ein Teil der Gebäude abgerissen. Eine Neubesiedlung des Klosters wurde erst 1904 erlaubt. 1907 kam mit dem Kauf des Staudenhofs eine Landwirtschaftsschule zum Kloster dazu, die auch Fertigkeiten der Bäckerei, Metzgerei und Brauerei vermittelt. Die klostereigenen Produkte werden über einen Onlineshop, den Hofladen und einen Marktwagen verkauft und lassen sich auch in der Klosterschenke genießen.

Kloster Scheyern

„Ora et labora et lege" – „Bete und arbeite und lies". Dieser benediktinische Rhythmus bestimmt auch das Leben der 13 Mönche des Klosters Scheyern. Das Benediktinerkloster kann auf eine über 1.000-jährige Geschichte zurückblicken, die von verschiedenen Umbrüchen begleitet war. Trotz der umfangreichen Ländereien mit Brauerei, Klosterforst, dem Prielhof, einer Klostermetzgerei, einem Hotel und der Klosterschenke war das Kloster Scheyern aber nie ein großes Kloster, wie die geringe Anzahl der es bewirtschaftenden Mönche zeigt. Neben den zahlreichen Klosterbetrieben, zu denen auch noch der Klostergarten und eine Imkerei gehören, beherbergt das Kloster eine Berufsoberschule und verfügt über eine Klosterbibliothek nebst eigener Buchbinderei, bietet Tagungsräume und die Möglichkeit des Klosterlebens auf Zeit. Der zum Kloster gehörende Prielhof ist heute ein Versuchsgut für nachhaltige Landwirtschaft des Helmholtz Zentrums München. Ziel ist die Erarbeitung von Strategien für eine nachhaltige Nahrungsproduktion vor dem Hintergrund des Klimawandels und seiner Folgen. Die Brautradition des Klosters Scheyern reicht bis ins Jahr 1119 zurück, was das Kloster zur drittältesten Brauerei Deutschlands macht. Verkosten lassen sich die Produkte zum Beispiel in der seit 1841 bestehenden Klosterschenke.

Kloster Schlehdorf

Das Kloster Schlehdorf blickt bereits auf eine weit über 1.000-jährige Geschichte zurück, was die Gründungsurkunde aus dem Jahr 763 belegt. Allerdings wechselte das Kloster mehrmals aufgrund von Zerstörung und Brand den Standort und auch den Besitzer. 1904 wurde es von Missions-Dominikanerinnen erworben, die bis heute das am bayerischen Kochelsee gelegene Kloster leiten. Die Schwestern des Ordens arbeiten noch heute in Südafrika, Südamerika, England, Irland, der Schweiz, Holland und Deutschland. Einen ganz eigenen Weg geht das Kloster beim Punkt der Essensversorgung: Die Missions-dominikanerinnen arbeiten mit dem Unternehmen apetito Catering im Pilotprojekt „Sustainable Church" zusammen. Das Cateringunternehmen ist zuständig für die Vollverpflegung der 54 Schwestern des Klosters, für die Versorgung der Gäste des Hauses Dominikus, der Mädchen der Realschule sowie der Schwestern des St. Anna Ordens. Auch für kulinarische Aktionen und Maßnahmen zur weiteren Verringerung der Umweltbelastungen ist das Unternehmen in Zusammenarbeit mit den Missionsschwestern zuständig.

Stift Seitenstetten, Österreich

Nach der Gründung 1112 zogen 1114 Benediktiner in das Stift Seitenstetten ein, das umfangreiche Ländereien und Waldungen besaß. Seine höchste Blüte erlangte das Stift um 1900 herum und überstand auch die beiden Weltkriege relativ unbeschadet und ohne Schließung.
Neben einem Stiftsgymnasium, einem Jugendhaus sowie einem Bildungszentrum für Erwachsene verfügt das Stift heute über Forstwirtschaft, den Landgasthof Stiftsmeierhof, ein Seminarzentrum und verwaltet zahlreiche Immobilien. Die landwirtschaftlichen Flächen sind verpachtet.

Zisterzienserinnen in Waldsassen

Das Bestehen der Abtei Waldsassen kann auf das Jahr 1133 zurückverfolgt werden. Ursprünglich ein Mönchskloster mit Blütezeit im Barock, auf die sich die weltberühmte Bibliothek zurückführen lässt, wurde das Kloster 1803 im Zuge der Säkularisierung geschlossen – und 1863 von Zisterzienserinnen aus Seligenthal in Landshut zusammen mit einer Schule neu gegründet. Im mittelalterlichen Trakt der Abtei wurden inzwischen moderne Hotelzimmer eingebaut und der mittelalterliche Baustil wurde mit moderner Architektur überformt. Das stifteigene Restaurant serviert ländliche Speisen und das Tagesgericht „Essen wie die Schwestern" – eine so einfache wie effektive Methode, ein ganz klein wenig am Klosterleben teilzuhaben. Als Digestif empfiehlt sich ein Gläschen „Drachengold" – ein Kräuterlikör nach einem sehr alten Klosterrezept.

Kloster Walkenried

Im Jahr 1127 wurde mit dem Kloster Walkenried das dritte Zisterzienserkloster in Deutschland gegründet. Aufgrund der vielen Schenkungen und wirtschaftlichen Aktivitäten wurde es zu einem der reichsten und politisch bedeutendsten Klöster des Zisterzienserordens. Ab 2001 wurde das UNESCO-Weltkulturerbe zu einem Klostermuseum umgebaut und 2006 eröffnet. Mit den vielen Veranstaltungen und Führungen lässt sich mittelalterliches Klosterleben gut nachvollziehen, auch die Bedeutung von Arbeit auf der einen und Gebet auf der anderen Seite. Neben dem spirituellen Leben traten die Zisterzienser nämlich auch als „großindustrieller" Arbeitgeber auf, mit Einkünften aus dem Montanwesen, der Agrarwirtschaft und der Zinswirtschaft.

Kloster Walsrode

Für das Frauenkloster Walsrode ist die erste urkundliche Erwähnung für das Jahr 986 belegt. In den frühen Jahrhunderten war das Kloster Angehörigen von Adelsfamilien vorbehalten. 1528 wurde das Kloster evangelisch, wobei es bis 1570 dauerte, bis der Konvent das neue Bekenntnis vollständig annahm. Heute wohnen Klosterdamen in Walsrode, die ein Berufs- und Familienleben hinter sich haben und alleinstehend sind.

Kloster Wechselburg

Nach seiner Gründung als Hauskloster durch Dedo von Rochlitz-Groitzsch um 1168 lebten dort zunächst Augustinermönche, dann ab 1278 Angehörige des Deutschen Ritterordens. 1543 wurde es säkularisiert und auf dem Klostergelände entstand ein Barockschloss. 1993 wurde das Kloster von Benediktinermönchen der Abtei Ettal neu gegründet. Die wenigen Mönche hier bieten u. a. verschiedene Veranstaltungen an, betreiben ein Jugend- und Familienhaus, einen Klosterladen und einen Klostergarten.

Kloster Weihenstephan

Das Kloster Weihenstephan wurde im Jahr 830 gegründet. Zunächst lebten hier Säkularkanoniker, dann Benediktinermönche. Während der Säkularisation wurde das Kloster 1803 aufgelöst und seine Gebäude, Felder, Wälder und Stallungen verkauft bzw. einer forst- und landwirtschaftlichen Schule übertragen. Heute befinden sich hier Einrichtungen der Technischen Universität München und der Hochschule Weihenstephan-Triesdorf.

Kloster Wienhausen

In Wienhausen an der Aller gründete Herzogin Agnes von Landsberg um 1230 ein Kloster. Die hier lebenden Zisterziensernonnen lebten von den Einnahmen des ihnen übertragenen Grundbesitzes. Auch heute noch sind Wirtschaftsgebäude und Wassermühle des Klosters erhalten. Im Zuge der Reformation wurde das Kloster in ein evangelisches Frauenkonvent umgewandelt. Die kleine Schar der heute hier lebenden Konventualinnen unterhält einen Klostergarten und organisiert Veranstaltungen und Ausstellungen.

Kloster Zwiefalten

Gegründet 1089 wuchs der Besitz des Benediktinerkloster auf dem Gebiet des heutigen Landkreises Reutlingen bis ins 18. Jahrhundert durch Schenkungen oder Zukauf stark an. Fruchtbare Felder und das Quellwasser vor den Klostermauern verhalfen dem Kloster zu einer bis heute bekannten Brautradition. Bereits ab Anfang des 16. Jahrhunderts waren die Mönche weithin für ihre Braukunst bekannt. 1724 errichtete das Kloster ein neues Brauhaus. 1802 wurde das Kloster während der Säkularisation aufgelöst. Heute beherbergt es ein Zentrum für Psychiatrie. Die Klosterbrauerei betreibt seit 1897 die Familie Baader.

„Weh euch, Schriftgelehrte und Pharisäer, ihr Heuchler, die ihr verzehntet die Minze, Dill und Kümmel ...“

(Matthäus 23,23)

Kalte und warme Vorspeisen

Gebratener Löwenzahn mit Kartoffelwürfeln

Zutaten (für 4 Portionen)

4–6 Kartoffeln
Salz
Saft von 1 Zitrone
2 EL Joghurt
2 EL Olivenöl

etwas Kräutersalz
frisch gemahlener Pfeffer
3 EL Butterschmalz
2 Eier

12–16 junge Löwenzahnrosetten oder
1 Staude Zuchtlöwenzahn
1 Frühlingszwiebel
1 Bund Radieschen
2 EL Kapern

Zubereitung

Kartoffeln waschen, in Salzwasser kochen und gut auskühlen lassen. Zitronensaft, Joghurt, Öl, Kräutersalz und Pfeffer in einer Schüssel mischen und zu einer Soße verrühren.

Kartoffeln schälen und in ca. 1x1 Zentimeter große Würfel schneiden. 2 Esslöffel Butterschmalz in einer Pfanne erhitzen und Kartoffeln darin ca. 5 Minuten anbraten. Eier hart kochen.

Löwenzahn putzen, waschen und trocken tupfen. Junge Löwenzahnrosetten ganz lassen, Zuchtlöwenzahn in ca. 5 Zentimeter lange Stücke schneiden. In einer großen Pfanne restliches Butterschmalz erhitzen und Löwenzahn darin ca. 1–2 Minuten anbraten.

Eier schälen und in Würfel schneiden. Frühlingszwiebel und Radieschen putzen und waschen. Frühlingszwiebel in feine Ringe schneiden, Radieschen in feine Scheiben schneiden.

Heißen Löwenzahn auf Vorspeisentellern anrichten, Kartoffelwürfel, Kapern, Ei, Frühlingszwiebel und Radieschen darauf garnieren. Zitronen-Joghurt-Soße darüberträufeln und warm servieren.

Eier im Grünen

Zutaten (für 4 Portionen)

600 g Kartoffeln
2 Zwiebeln
2 Knoblauchzehen
2 EL Öl
1 kg Blattspinat
250 g Sahne
Salz
frisch gemahlener Pfeffer
etwas frisch geriebener Muskat
Fett für die Form
4 Eier
100 g geriebenen Schnittkäse

Zubereitung

Kartoffeln waschen, kochen, abkühlen lassen, pellen und in Scheiben schneiden.

Zwiebeln und Knoblauch schälen, in Würfel schneiden. In einer Pfanne Öl erhitzen, Zwiebeln und Knoblauch darin glasig dünsten. Spinat in heißem Salzwasser ca. 5 Minuten blanchieren, abtropfen lassen, zu der Zwiebel-Knoblauch-Mischung geben und bei geringer Hitze bei geschlossenem Deckel kurz dünsten. 2/3 der Sahne zugeben, mit Salz, Pfeffer und Muskat abschmecken und noch einmal ca. 3 Minuten ziehen lassen. Backofen auf 180 °C (Umluft: 160 °C) vorheizen.

Auflaufform fetten und Kartoffeln hineingeben. Spinat auf den Kartoffeln gleichmäßig verteilen. In den Spinat mit einem Löffel vier Vertiefungen drücken und in jede der Mulden ein Ei schlagen. Restliche Sahne über den Spinat gießen und den Käse so darüber streuen, dass die Eigelbe noch zu sehen sind.

Auflauf im vorgeheizten Backofen ca. 30 Minuten überbacken.

Klosterwissen

In der strengen Fastenzeit vor Ostern waren den Mönchen und Nonnen sowie den gesunden Gläubigen auch Eier verboten. Der dadurch entstandene Eierüberschuss ist einer der profanen Gründe für die Tradition der Ostereier, die an Ostern bemalt, gesegnet und gegessen werden. Der Abt Jakob des Benediktinerklosters Schuttern beschrieb im Jahr 1691 erstmals den Brauch des Ostereiersteckens für Kinder.

Gekochte Eier mit Kräutersoße

Zutaten (für 4 Portionen)

8 Eier
1 Zwiebel
1 EL Öl
125 ml Milch
2 TL Salz
4 TL Speisestärke
1 Bund Kräuter (Dill, Kerbel oder Schnittlauch)
4 EL Sahne
frisch gemahlener Pfeffer
1 TL Zitronensaft

Zubereitung

Eier in kochendes Wasser geben und in ca. 5–6 Minuten weich kochen. Eier herausnehmen und in kaltem Wasser abschrecken.

Zwiebel schälen und fein hacken. Öl in einem Topf erhitzen und Zwiebel darin dünsten. Mit 250 Millilitern Wasser ablöschen, Milch zugießen und aufkochen. Salz einstreuen und unter Rühren darin auflösen.

Speisestärke in etwas kaltes Wasser einrühren, dazugeben und ca. 1 Minute kochen lassen. Kräuter waschen, trocken schütteln, Blättchen oder Fähnchen von den Stängeln zupfen und fein hacken.

Kräuter und Sahne in die heiße Soße geben. Kräutersoße mit Pfeffer, Salz und Zitronensaft abschmecken.

Eier schälen, halbieren und mit der Kräutersoße anrichten. Dazu passen Kartoffelpüree oder Salzkartoffeln.

Pilz-Tartelettes

Zutaten (für 6 Portionen)

250 g Mehl
155 g Margarine
3 Eier
Salz
Fett für die Form
500 g Pilze
1 Zwiebel
1 Knoblauchzehe
200 g Sahne
frisch gemahlener Pfeffer
etwas frisch geriebener Muskat
100 g geriebener Schnittkäse

Zubereitung

Mehl in eine Schüssel sieben, 125 Gramm kalte Margarine in Flöckchen auf das Mehl geben. 1 Ei verschlagen und mit ½ Teelöffel Salz zum Mehl geben. Mit den Knethaken des Handrührers zu einem geschmeidigen Teig verarbeiten. In Frischhaltefolie wickeln und ca. 30 Minuten in den Kühlschrank legen.

Backofen auf 200 °C (Umluft: 180 °C) Grad vorheizen. Teig in 6 gleich große Stücke schneiden und jedes Stück zu einem Kreis von ca. 15 Zentimetern Durchmesser ausrollen. 6 Tartelettformen fetten, Teig hineinlegen und jeweils einen Rand von ca. 2 Zentimetern hochziehen. Teigboden mit einer Gabel mehrmals einstechen. Tartelettes im vorgeheizten Backofen auf der 2. Schiene von unten ca. 10 Minuten backen.

Pilze putzen, evtl. kurz unter kaltem Wasser abspülen und trocken tupfen. Zwiebel und Knoblauch schälen und klein würfeln. Restliche Margarine in einer großen Pfanne erhitzen, Pilze, Knoblauch und Zwiebel anbraten und ca. 5 Minuten bei mittlerer Hitze weiter braten. Die Pilzmischung in die vorgebackenen Tartelettes füllen.

Restliche Eier und Sahne verschlagen, mit Salz, Pfeffer und Muskat kräftig abschmecken, Käse unterrühren. Die Eimasse gleichmäßig über die Pilze verteilen. Tartelettes bei gleicher Temperatur weitere ca. 25–30 Minuten backen.

Tartelettes ca. 5 Minuten auskühlen lassen, aus den Förmchen nehmen und servieren. Dazu passt ein grüner Salat.

Kloster Mariensee

Die heutigen Gartenanlagen des Klosters Mariensee entsprechen in ihrem Aufbau der Neuanlage aus dem 18. Jahrhundert mit einzelnen Ziergärten für die Abtei und jede der zwölf Wohneinheiten. Zudem ist jeder Einheit eine Parzelle für Obst und Gemüse zugeordnet. Der Kräutergarten entstand im 20. Jahrhundert nach historischen Vorbildern. Besuche im Kloster sind im Klostercafé, im Klostermuseum, bei Führungen oder auch als Gast auf Zeit bei Selbstverpflegung möglich.

Marinierte Tomaten

Zutaten (für 4 Portionen)

500 g Kirschtomaten
½ Bund Basilikum
½ Bund Schnittlauch
½ Bund Petersilie
1 Knoblauchzehe
150 g Frischkäse
Salz
frisch gemahlener Pfeffer
500 ml Olivenöl
2 Stängel Rosmarin
2 Stängel Majoran

Zubereitung

Tomaten waschen und einen kleinen Deckel abschneiden. Fruchtfleisch vom Deckel klein würfeln. Tomaten mit einem kleinen Löffel aushöhlen.

Basilikum waschen, trocken schütteln und Blättchen von den Stängeln zupfen. Petersilie und Schnittlauch waschen und trocken schütteln. Knoblauch schälen und mit den Kräutern sehr fein hacken. Knoblauch und Kräuter mit Frischkäse mischen. Mit Salz und Pfeffer abschmecken.

Tomaten mit den Tomatenwürfelchen füllen. Frischkäsemasse in einen Spritzbeutel mit kleiner Lochtülle füllen und die Masse in die Tomaten spritzen.

Die gefüllten Tomaten in Schraubgläser geben und so viel Öl zugießen, bis sie ganz bedeckt sind. Rosmarin und Majoran waschen, trocken schütteln und zu den mit Öl bedeckten Tomaten geben. Mit einem Deckel gut verschließen und die Tomaten 24 Stunden lang einlegen. Die Tomaten sind im Kühlschrank ca. 7 Tage haltbar.

Raukesandwich mit Garnelen

Zutaten (für 12 Stück)

6 Riesengarnelen (roh und mit Schale)
9 EL Olivenöl
1 Knoblauchzehe
Salz
frisch gemahlener Pfeffer
1 Bund Rauke
50 g Butter
100 g Schalotten
10 Radieschen
1 EL Zitronensaft
6 Scheiben Kastenweißbrot

Zubereitung

Garnelen waschen und trocken tupfen. In einer Pfanne 3 Esslöffel Öl erhitzen. Knoblauchzehe mit der Schale zerdrücken und mit den Garnelen in die Pfanne geben, salzen und pfeffern. Auf beiden Seiten ca. 2 Minuten braten. Aus der Pfanne nehmen und abkühlen lassen.

Rauke verlesen, waschen und trocken schütteln. 12 Blätter beiseite legen, den Rest fein hacken. Zimmerwarme Butter mit einer Gabel zerdrücken, die fein gehackte Rauke untermischen und salzen.

Schalotten putzen und in feine Ringe schneiden. Radieschen putzen und in dünne Scheiben schneiden. Garnelenschwänze aus dem Panzer lösen, Darm entfernen und der Länge nach halbieren. Mit den Schalotten, Radieschen, restlichem Öl und Zitronensaft mischen, mit Salz und Pfeffer abschmecken.

Weißbrotscheiben mit der Raukebutter bestreichen und vierteln. Die Hälfte der Weißbrotscheiben mit 1 Raukeblatt, 1 Garnelenhälfte und etwas Radieschen-Schalotten-Salat belegen. Restliche Brotscheiben daraufsetzen und sofort servieren.

Brennnesselmousse mit Räucherlachs

Zutaten (für 4 Portionen)

150 g junge Brennnesselblätter
250 g Sahne
1 Päckchen Sahnesteif
1–2 TL Meerrettich (aus dem Glas)
Salz
frisch gemahlener Pfeffer
8 Scheiben Räucherlachs

Zubereitung

Brennnesseln ca. 15 Minuten in kaltem Wasser einweichen (sie brennen dann nicht mehr), waschen, trocken schleudern und fein hacken. Sahne mit dem Sahnesteif steif schlagen, mit den Brennnesseln und dem Meerrettich mischen, mit Salz und Pfeffer abschmecken. Mindestens 20–30 Minuten im Kühlschrank kalt stellen. Je 2 Scheiben Lachs auf 4 Tellern anrichten. Einen Teelöffel in heißes Wasser tauchen und kleine Nockerl aus der Brennnesselmousse abstechen und auf die Räucherlachsscheiben setzen. Dazu passt Toastbrot.

Pikant gefüllte Aprikosen

Zutaten (für 16 Stück)

8 Aprikosen
180 g Blauschimmelkäse
½ Bund Petersilie
2–3 EL Milch
frisch gemahlener Pfeffer

Zubereitung

Aprikosen waschen, halbieren und entsteinen. Käse zerkleinern. Petersilie waschen, trocken schütteln und hacken. Käse, Petersilie und Milch in ein schmales Gefäß geben und mit dem Stabmixer pürieren. Mit Pfeffer abschmecken. Die Käsemasse in einen Spritzbeutel mit kleiner Tülle füllen und in die Aprikosenhälften spritzen.

Geräucherte Forellenfilets mit Raukesoße

Zutaten (für 4 Portionen)

2 Eier
50 g Rauke
1 Knoblauchzehe
3 EL Kapern
2 Sardellenfilets in Salzlake
6 EL Olivenöl
1–2 EL Zitronensaft
Salz
frisch gemahlener Pfeffer
4 geräucherte Forellenfilets

Zubereitung

Eier in kochendem Wasser in ca. 10 Minuten hart kochen, abschrecken und abkühlen lassen.

Rauke waschen, trocken schütteln und bis auf einige Blätter fein hacken. Knoblauch schälen und hacken. Kapern abtropfen lassen. Sardellenfilets kurz abwaschen und trocken tupfen.

Eier pellen, halbieren, Eigelbe herauslösen. Eigelbe mit Rauke, Knoblauch, Kapern und Sardellen im Mixer pürieren, nach und nach das Öl zufügen. Die Soße mit Zitronensaft, Salz und Pfeffer abschmecken.

Forellenfilets auf 4 Tellern mit der Soße anrichten und mit den übrigen Raukeblättern garniert servieren. Dazu passt Baguette.

Tipp Eine raffinierte Vorspeise oder ein leichter Imbiss an heißen Tagen.

Kartoffel-Apfel-Meerrettichsalat

Zutaten (für 8 Portionen)

1 kg Kartoffeln (gekocht)
1 Bund Staudensellerie
1 Schalotte
30 g Meerrettich
½ Bund glatte Petersilie

2 Äpfel
Saft von 1 Zitrone
2 EL Öl
200 g Sahne
6 EL Weißweinessig

200 ml Gemüsebrühe
Salz
4 TL Zucker
frisch gemahlener Pfeffer

Zubereitung

Kartoffeln kochen, pellen und in dünne Scheiben schneiden. Staudensellerie putzen, waschen und in ca. ½ Zentimeter dicke Stücke schneiden. Schalotten schälen und fein würfeln. Meerrettich schälen und fein reiben. Petersilie waschen, trocken schütteln, Blätter von den Stielen zupfen und fein hacken. Äpfel schälen, vierteln, entkernen, grob würfeln und mit dem Zitronensaft beträufeln.

Öl in einer Pfanne erhitzen, Sellerie und Schalotten bei mittlerer Hitze ca. 2 Minuten dünsten. Sahne, Essig, Gemüsebrühe, Salz, Zucker, Pfeffer und Meerrettich mit einem Schneebesen zu einem Dressing verrühren.

Kartoffeln und Äpfel in eine Schüssel geben, Dressing, Selleriegemüse und Petersilie zugeben, unterheben und ca. 30 Minuten ziehen lassen. Anschließend noch einmal kräftig abschmecken und servieren.

Klosterwissen

Sowohl als Heil- als auch als Gemüsepflanze hat der Rettich seinen festen Platz im Klostergarten. Durch die in ihm enthaltenen Senfölglykoside hat er eine ausgesprochen antibakterielle Wirkung. Um die Wirkung des Rettichs als verdauungsförderndes und hustenlinderndes Mittel wusste schon Hildegard von Bingen: „Wer viel Schleim in sich hat, pulverisiere den Rettich, und koche Honig in Wein und schütte dieses Pulver hinein, und etwas abgekühlt trinke er es nach dem Essen, und dieses Pulver wird ihn vom Schleim reinigen." („Physica")

Bärlauch-Wildkräutersalat mit Fleischröllchen

Zutaten (für 4 Portionen)

1 Bund Bärlauch
1 Bund Sauerampfer
125 g Löwenzahn oder Rauke
2 Beutel Salatkräuter
8 EL Öl
½ Bund Radieschen
4 Kalbsschnitzel (à 100 g)
Salz
frisch gemahlener Pfeffer
3–4 EL Kräuterfrischkäse
½ gelbe Zucchini

Zubereitung

Kräuter waschen und die Stiele abschneiden. Kräuter auf einer Platte anrichten. Inhalt beider Beutel Salatkräuter mit 6 Esslöffel Wasser und 6 Esslöffel Öl verrühren. Radieschen putzen, waschen, fein hacken und mit dem Kräuterdressing verrühren.

Schnitzel leicht flach klopfen, mit Salz und Pfeffer würzen und mit Frischkäse bestreichen. Zucchini waschen, grob raffeln und auf dem Fleisch verteilen.

Schnitzel aufrollen, mit Holzspießchen feststecken und im restlichen Öl von allen Seiten ca. 8 Minuten anbraten. Die Spießchen entfernen, die Röllchen schräg halbieren und auf den Kräutern anrichten. Das Dressing darüber träufeln.

Gebackener Ziegenkäse mit Wildkräutersalat

Zutaten (für 4 Portionen)

1 Kartoffel
1 Stängel Rosmarin
4 Stücke Ziegenkäse
2 EL Öl
1 Schalotte

1 Knoblauchzehe
1 TL scharfer Senf
4 EL Weinessig
100 ml Olivenöl
1 EL Walnussöl

Salz
frisch gemahlener Pfeffer
50 g gemischte Wildkräuter
200 g gemischte Blattsalate (z. B. Rauke, Löwenzahn, Radicchio)

Zubereitung

Kartoffel in ganz feine Scheiben hobeln. Rosmarin waschen, trocken schütteln und die Nadeln vom Stängel zupfen. Ziegenkäse mit Rosmarinnadeln und Kartoffelscheiben einwickeln. Öl in einer Pfanne erhitzen und den Ziegenkäse darin von beiden Seiten goldgelb braten.

Schalotten und Knoblauch schälen und in kleine Würfel schneiden. Schalotten, Knoblauch, Senf, Essig, Oliven- und Walnussöl für die Vinaigrette miteinander verrühren. Mit Salz und Pfeffer abschmecken.

Die geputzten und gewaschenen Kräuter und Salate in einer Schüssel mit der Vinaigrette marinieren und auf vier Teller verteilen. Mit dem gebackenen Ziegenkäse zusammen servieren.

Kleine Käse-Birnen-Pies

Zutaten (für 8 Stück)

200 g Mehl
30 g Sesam
Salz
frisch gemahlener Pfeffer
1 Prise Zucker

100 g Margarine
3 Eier
150 g Sahne
75 g Gorgonzola
75 g geriebener Emmentaler

500 g Birnen
etwas frisch geriebener Muskat
Fett für die Form

Zubereitung

Mehl, Sesam, Salz, Pfeffer, Zucker, Margarine und 1 Ei mit den Knethaken eines Handrührers zu einem glatten Teig verkneten. Den Teig in Folie wickeln und für ca. 1 Stunde kalt stellen.

Den Backofen auf 200 °C (Umluft: 180 °C) vorheizen. Sahne und 2 Eier mit den Quirlen des Handrührers cremig rühren. Gorgonzola fein würfeln und mit dem geriebenen Emmentaler zusammen unter die Creme heben. Birnen waschen, schälen, entkernen und fein würfeln. Unter die Käsecreme heben, mit Pfeffer und Muskat würzen.

Den Teig in 8 Stücke teilen und jedes Stück in eine gefettete Form drücken, dabei einen kleinen ca. 1 Zentimeter hohen Rand formen. Die Käsecreme auf die Förmchen verteilen und im vorgeheizten Backofen ca. 25 Minuten goldbraun backen.

Geflügelleber mit Brombeeren

Zutaten (für 6 Portionen)

1 Kopfsalat
6 Scheiben Toastbrot
200 g Brombeeren
1 EL Mayonnaise
1 EL saure Sahne
1 EL Meerrettich
Salz
frisch gemahlener Pfeffer
1 Prise Zucker
1 EL Portwein
200 g Puten- oder Hühnerleber
2 EL Butter

Zubereitung

Vom Salat 12 große Blätter abtrennen, waschen und trocken schleudern. Toast im Toaster leicht bräunen und diagonal durchschneiden.

Brombeeren waschen, abtropfen lassen und entstielen. Mayonnaise, saure Sahne, Meerrettich, Salz, Pfeffer, Zucker und Portwein verrühren. Mit einem Esslöffel auf den Toastscheiben verteilen. Jeweils ein Salatblatt auf die Toasts legen.

Leber waschen, trocken tupfen, mit Pfeffer würzen und in heißer Butter von allen Seiten hellbraun braten. Herausnehmen, in Scheiben schneiden und auf den Salatblättern anrichten.

Brombeeren darüber geben und servieren.

Tipp Geflügelleber ergänzt sich im Geschmack hervorragend mit Beeren. Die Fruchtsäure der Beeren macht diese Toasts außerdem schön leicht.

Lachsmousse und Heidelbeeren

Zutaten (für 30 Stück)

200 g geräucherter Lachs
100 g Frischkäse
100 g Crème fraîche
Salz
weißer Pfeffer
Saft von ½ Zitrone
1 Baguette
100 g Heidelbeeren
½ Bund Petersilie
rosa Pfefferkörner

Zubereitung

Backofen auf 200 °C (Umluft: 180 °C) vorheizen. 100 Gramm Lachs mit Frischkäse und Crème fraîche pürieren. Restlichen Lachs fein würfeln und unter die Creme ziehen. Mit Salz, weißem Pfeffer und etwas Zitronensaft abschmecken.

Baguette in Scheiben schneiden und im Backofen einige Minuten backen. Abkühlen lassen. Heidelbeeren waschen, abtropfen lassen und eventuell entstielen. Petersilie waschen, trocken schütteln und Blätter von den Stängeln abzupfen. Die Scheiben mit Creme bestreichen, mit rosa Pfefferkörnern und einigen Heidelbeeren bestreuen. 1–2 Petersilienblätter in die Mitte stecken.

Tipp Rosa Pfeffer hat mit der Familie der Pfefferkörner nichts gemeinsam. Die ca. 2–3 Millimeter großen Blütenknospen sind leicht scharf, nicht hart und besonders hübsch als farbenfrohe Dekoration.

Schafskäse mit Apfel-Zwiebel-Mus

Zutaten (für 4 Portionen)

4 Zwiebeln
4 Äpfel
1 l Äpfelsaft
Saft von 1 Zitrone
2 EL Honig
Salz
frisch gemahlener Pfeffer
200 g Schafskäse
100 g Walnüsse (gehackt)

Zubereitung

Zwiebeln schälen, halbieren und in ca. 1 Zentimeter breite Streifen schneiden. Äpfel schälen, vierteln, entkernen und längs in Spalten schneiden.

Backofen auf 250 °C (Umluft: 230 °C) vorheizen. Apfelsaft in einem Topf erhitzen. Zwiebeln, Äpfel, Zitronensaft und Honig zufügen. Mit Salz und Pfeffer würzen und so lange köcheln lassen, bis fast die gesamte Flüssigkeit verdampft ist.

Apfel-Zwiebel-Mus in eine Auflaufform füllen. Schafskäse darüber bröckeln und mit Walnüssen bestreuen. Im vorgeheizten Backofen ca. 15 Minuten backen.

Klosterwissen

Jedes Kloster hatte einen Klostergarten, in dem die Mönche neben Heilkräutern auch Gemüsepflanzen mit Heilwirkung anbauten. Sowohl in der Küche als auch in der Apotheke eines Klosters durfte die Zwiebel auf keinen Fall fehlen. Durch ihre ätherischen Öle wirkt sie nicht nur antiseptisch und desinfizierend, sie kann auch Gefäßerkrankungen vorbeugen, außerdem hilft ein warmes Zwiebelsäckchen bei Ohrenschmerzen.

Birnensalat mit geräucherter Forelle

Zutaten (für 4 Portionen)

1 Bund Rauke
2 Stangen Staudensellerie
3 Birnen
etwas Zitronensaft

4 geräucherte Forellenfilets
1 Bund Schnittlauch
1 Bund Estragon
4 EL Olivenöl

2 EL Walnussöl
3 EL Essig
Salz
frisch gemahlener Pfeffer

Zubereitung

Rauke waschen und trocken schleudern. Sellerie waschen, putzen, schräg in ca. ½ Zentimeter dicke Stücke schneiden und in kochendem Wasser ca. 2–3 Minuten blanchieren. Abkühlen lassen. Birnen waschen, halbieren, Kerngehäuse entfernen und längs in feine Spalten schneiden. Sofort mit Zitronensaft beträufeln.

Rauke etwas zerrupfen und auf vier großen Tellern anrichten. Forelle in grobe Stücke zerteilen. In einer Schüssel Sellerie, Birnen und Forelle vermengen, auf dem Salat verteilen.

Schnittlauch und Estragon waschen und trocken schütteln. Schnittlauch in feine Röllchen schneiden, Estragon fein hacken. Oliven- und Walnussöl mit dem Schneebesen verschlagen, Essig langsam zugießen. Weiter schlagen, bis eine sämige Mischung entsteht. Schnittlauch, Estragon, Salz und Pfeffer unterrühren.

Mischung auf den Salat geben und sofort servieren.

Apfelrösti mit Meerrettich und Pfeffersoße

Zutaten (für 4 Portionen)

15 weiße Pfefferkörner
180 g Sahne
60 g Crème fraîche
Salz

7 Äpfel
Saft von 1 Zitrone
40 g Mehl
1 Prise Salz

50 g Butter
1 Stück Meerrettich (ca. 5 Zentimeter)

Zubereitung

Pfefferkörner mit der flachen Seite eines Messers auf einem Holzbrett zerdrücken.

Sahne in einen Topf geben. Mit Crème fraîche, Salz und den zerdrückten Pfefferkörnern zum Kochen bringen. Ca. 2 Minuten kochen lassen. Soße über einem Sieb abgießen, wieder in den Topf geben und bei mittlerer Hitze etwa bis zur Hälfte einkochen lassen.

Äpfel waschen, schälen, mit einem Ausstecher Kerngehäuse entfernen und Äpfel in ca. 3 Millimeter dicke Scheiben schneiden. Dann in streichholzlange Streifen schneiden. Sofort mit etwas Zitronensaft beträufeln.

Mehl in eine Schüssel geben. Mit 1 Teelöffel Zitronensaft und 1 Prise Salz vermengen. Apfelstifte vorsichtig unterheben.

Butter in einer großen Pfanne erhitzen. Die Apfelstreifen ca. 1 ½ Zentimeter hoch einstreuen und bei schwacher Hitze je Seite ca. 2–3 Minuten goldgelb backen.

Pfeffersoße wieder erwärmen. Meerrettich schälen und mit einem Messer Späne abschaben.

Apfelrösti auf ein Brett geben und in Stücke schneiden. Mit der Soße auf vorgewärmte Teller einen Spiegel gießen. Apfelrösti darauf anrichten und mit 3–4 Meerrettichspänen bestreuen.

„… Und Jakob gab Esau Brot
und ein Gericht Linsen; und er aß und trank,
stand auf und ging davon."

(1. Mose 25,34)

Suppen und Eintöpfe

Kürbissuppe

Zutaten (für 4 Portionen)

800 g Kürbisfleisch
1 Zwiebel
2 Knoblauchzehen
2 EL Butter
½ l Rinderfond
½ TL Kümmel
½ TL getrockneter Majoran
Salz
frisch gemahlener Pfeffer
200 g saure Sahne
1 Bund Frühlingszwiebeln
Kürbiskernöl

Zubereitung

Kürbisfleisch würfeln. Zwiebel schälen und in kleine Würfel schneiden. Knoblauch schälen und sehr klein schneiden. Butter in einer Pfanne erhitzen und Kürbis, Zwiebeln und Knoblauch darin andünsten. Mit Fond aufgießen und mit Kümmel, Majoran, Salz und Pfeffer abschmecken.

Zugedeckt ca. 30 Minuten weich köcheln. Saure Sahne zugeben und aufkochen lassen.

Die Suppe mit einem Stabmixer pürieren und weitere ca. 2 Minuten leise köcheln lassen. Mit Salz und Pfeffer abschmecken. Frühlingszwiebeln putzen, waschen und in feine Ringe schneiden. Suppe mit dem Stabmixer noch einmal pürieren, damit sie schön luftig wird. Frühlingszwiebeln auf die Suppe streuen, mit Kürbiskernöl beträufeln und servieren.

Herzhafte Käsesuppe

Zutaten (für 4 Portionen)

1 Zwiebel
1 Stange Lauch
1 EL Butter
Salz
Cayennepfeffer
Estragon
200 ml Gemüsebrühe
180 g Blauschimmelkäse
100 g Sahne
8 Scheiben Weißbrot
1 Knoblauchzehe
Öl

Zubereitung

Zwiebel schälen und fein würfeln. Lauch putzen, waschen und in feine Ringe schneiden.

Butter in einem Topf erhitzen und darin die Zwiebelwürfel leicht anschwitzen. Lauchringe zugeben und alles kräftig mit Salz, Cayennepfeffer und Estragon abschmecken.

Mit Brühe aufgießen und kurz aufkochen lassen. Käse langsam einrühren, Sahne zugeben und alles nochmals aufkochen.

Die Suppe über einem feinen Sieb in einen Topf abgießen. Mit einem Stabmixer aufmixen und eventuell nochmals abschmecken.

Weißbrot mit Knoblauch einreiben und in einer beschichteten Pfanne mit etwas Öl leicht ausbacken. Suppe mit dem Brot zusammen servieren.

Leberknödelsuppe

Zutaten (für 4 Portionen)

1 Zwiebel
2 EL Öl
5 Scheiben Toastbrot
80 g Leber (z. B. Kalbs- oder Geflügelleber)
1 Ei
1 TL Kräuter (frisch oder TK-Produkt)
Salz
frisch gemahlener Pfeffer
500 ml Rinderfond
1 Bund Suppengrün

Zubereitung

Zwiebel schälen und fein würfeln. Öl in einem Topf erhitzen, Zwiebeln darin andünsten und in eine Schüssel geben.

Toastbrot fein reiben oder in der Küchenmaschine fein hacken. Leber unter fließendem Wasser waschen, trocken tupfen und fein hacken.

Brot, Leber und Ei zu den Zwiebeln geben. Kräuter auftauen lassen und zugeben. Alles mit Salz und Pfeffer abschmecken.

Fond in einem Topf zum Kochen bringen. Mit einem Esslöffel kleine Nocken von der Lebermasse abstechen und in den Fond geben. Bei schwacher Hitze ca. 7 Minuten ziehen lassen. Herausnehmen und beiseite stellen.

Suppengrün putzen, waschen und in Streifen schneiden. Flüssigkeit erneut aufkochen und Suppengrün zufügen. Alles ca. 5 Minuten köcheln lassen.

Leberknödel wieder in die Suppe geben und heiß werden lassen.

Bunter Lammeintopf

Zutaten (für 4 Portionen)

800 g Lammfleisch (aus der Schulter)
100 g durchwachsener Speck
1 kg Kartoffeln
400 g Möhren
3 Zwiebeln
2 EL Öl
frisch gemahlener Pfeffer
1 l Rinderfond
1 TL Majoran
1 TL Thymian
½ Bund Petersilie

Zubereitung

Lammfleisch unter fließendem Wasser waschen, trocken tupfen und in Würfel schneiden. Speck würfeln. Kartoffeln, Möhren und Zwiebeln putzen und schälen. Kartoffeln und Möhren in dickere Scheiben schneiden, Zwiebeln würfeln.

In einem Topf den Speck ohne Zugabe von Öl auslassen und wieder herausnehmen. Öl in dem Topf erhitzen und Lammfleisch darin anbraten. Ebenfalls wieder herausnehmen und beiseite stellen.

Die Hälfte der Kartoffeln, Möhren und Zwiebeln in den Topf schichten. Mit Pfeffer würzen und die Hälfte des Specks darauf geben. Lammfleisch zufügen und mit den restlichen Kartoffeln, Möhren, Zwiebeln und Speck bedecken. Fond, Majoran und Thymian zufügen.

Zugedeckt aufkochen und bei schwacher Hitze ca. 1 Stunde garen.

Petersilie waschen, trocken schütteln, Blättchen von den Stielen zupfen und fein hacken. Den Lammeintopf mit der gehackten Petersilie bestreut servieren. Dazu passt Brot mit Kräutern.

Klosterwissen

Eintopf ist ein typisch mittelalterliches Klostergericht – allein schon aus praktischen Gründen. Um viele Mönche oder Nonnen zu ernähren, benötigte die Klosterküche eine große Menge an Zutaten, die sich am einfachsten in einem großen Topf über der Feuerstelle zubereiten ließen. Besonders im Winter waren Eintopfgerichte gern gesehen, da sie sowohl Wärme spendeten als auch durch das Verkochen des eingelagerten Wurzelgemüses eine willkommene Vitaminquelle boten.

Sommerlicher Bohneneintopf

Zutaten (für 4 Portionen)

1 l Fleischfond
400 g Suppenfleisch vom Rind (Hohe Rippe)
300 g grüne Bohnen (frisch oder TK-Produkt)
2 Tomaten
300 g Zucchini
200 g Kartoffeln
1 Dose weiße Bohnen (Abtropfgewicht 250 g)
einige Stängel Bohnenkraut
frisch gemahlener Pfeffer
Salz

Zubereitung

Fleischfond mit ¼ Liter Wasser in einem Topf aufkochen. Suppenfleisch unter fließendem Wasser waschen, trocken tupfen, zugeben und ca. 1½ Stunden garen.

Grüne Bohnen, Tomaten und Zucchini waschen. Zucchini in Scheiben schneiden, grüne Bohnen putzen und in Stücke brechen. Tomaten entkernen, vom Stielansatz befreien und in Würfel schneiden. Kartoffeln schälen, waschen und in Würfel schneiden.

Kartoffeln, Zucchini und grüne Bohnen zum Suppenfleisch geben und weitere ca. 15 Minuten garen. Fleisch herausnehmen und in Würfel schneiden.

Weiße Bohnen abtropfen lassen. Fleischwürfel mit den weißen Bohnen und Tomaten in die Suppe geben und heiß werden lassen. Bohnenkraut waschen, trocken schütteln und Blättchen von den Stängeln lösen. Eintopf mit Bohnenkraut, Pfeffer und wenig Salz abschmecken.

Kalte Paprika-Tomaten-Suppe

Zutaten (für 4 Portionen)

3 gelbe Paprikaschoten
1 Zwiebel
1 EL Öl
½ TL edelsüßes Paprikapulver
500 ml Gemüsebrühe
250 g Kirschtomaten
6 EL Möhren- oder Orangensaft
Salz
frisch gemahlener Pfeffer
glatte Petersilie zum Garnieren
geröstete Brotwürfel

Zubereitung

Paprika waschen, mit einem Sparschäler schälen, vierteln, Kerngehäuse entfernen in kleine Würfel schneiden. Zwiebel schälen und würfeln.

Öl in einem Topf erhitzen, Paprika und Zwiebel darin bei schwacher Hitze ca. 15 Minuten dünsten. Paprikapulver zufügen, Gemüsebrühe zugießen und aufkochen. Suppe mit dem Stabmixer pürieren.

Tomaten waschen, halbieren, vom Stielansatz befreien, zufügen und die Suppe im Kühlschrank erkalten lassen.

Möhren- oder Orangensaft zugeben, mit Salz und Pfeffer abschmecken. Petersilie waschen, trocken schütteln und Blättchen von den Stängeln zupfen. Suppe in Teller füllen und nach Belieben mit glatten Petersilienblättchen oder gerösteten Brotwürfeln garnieren.

Tipp Wenn Sie die Suppe heiß servieren, am besten die ganzen Tomaten kurz mit heißem Wasser überbrühen und häuten. Die Tomaten halbieren und mit dem Saft in der Suppe heiß werden lassen.

Kloster Lorsch

1981 wurde im Kloster Lorsch wieder ein traditioneller Kräutergarten angelegt. Als Grundlage für die Erweiterung des Kräutergartens diente das Lorscher Arzneibuch – ein wichtiges Zeugnis des kräuter- und heilkundlichen Wissens aus der Blütezeit des Klosters. Dieses Wissen wird heute in Form mittelalterlicher Kochkurse weitergegeben, zudem können Besucher Honig, Wein und selbst gemachte Marmelade aus klostereigener Bewirtschaftung und Ländereien erwerben.

Kerbelsuppe

Zutaten (für 4 Portionen)

2 Frühlingszwiebeln
50 g Butter
2 EL Speisestärke
1 l Gemüsebrühe
1 Bund Kerbel
100 g Sahne
Salz
frisch gemahlener Pfeffer

Zubereitung

Frühlingszwiebeln putzen, waschen und in feine Scheiben schneiden. Butter in einem großen Topf zerlassen und Zwiebeln darin glasig dünsten. Speisestärke darüber sieben und einige Minuten anbraten.

Gemüsebrühe zugießen, mit dem Schneebesen verrühren und ca. 30 Minuten köcheln lassen. Kerbel waschen, trocken schütteln und einige Stängel zum Garnieren beiseite legen.

Vom restlichen Kerbel grobe Stiele entfernen und fein hacken.

Sahne in die Suppe rühren und kurz aufkochen lassen. Topf von der Herdplatte ziehen und den Kerbel einrühren. Mit Salz und Pfeffer abschmecken. Mit den Kerbelzweigen garniert servieren.

Tipp Sie können diese Suppe auch mit gemischten Kräutern zubereiten, zum Beispiel mit Petersilie, Kerbel und Brunnenkresse.

Deftiger Kohl-Lamm-Eintopf

Zutaten (für 4 Portionen)

800 g Weißkohl
500 g Lammfleisch
300 g Kartoffeln
3 EL Öl
1 EL Mehl
1–2 TL Salz
1 EL schwarze Pfefferkörner
1 Lorbeerblatt
250 ml Fleischfond
½ Bund Petersilie

Zubereitung

Weißkohl putzen, waschen, vom Stunk befreien und in Stücke schneiden. Kartoffeln schälen, waschen und in Scheiben schneiden. Lammfleisch unter fließendem Wasser waschen, trocken tupfen und in Würfel schneiden.

1 Esslöffel Öl in einem großen Topf erhitzen, Lammfleisch hineingeben und von allen Seiten anbraten. Mit Mehl bestäuben und aus dem Topf nehmen. Kohl in Öl anbraten und herausnehmen.

Fleisch, Kartoffeln und Kohl abwechselnd wieder in den Topf schichten. Schichtweise mit Salz bestreuen und mit einer Lage Kohl abschließen. Pfefferkörner und Lorbeerblatt in ein Teenetz geben und in den Topf hängen.

Fleischfond aufkochen. Brühe über Gemüse und Fleisch gießen. Zugedeckt bei schwacher Hitze 1–2 Stunden garen.

Gewürzsäckchen entfernen. Petersilie waschen, trocken schütteln, Blättchen von den Stängeln zupfen und fein hacken. Eintopf damit bestreuen und im Topf servieren.

Tipp Im Sommer schmeckt der Eintopf auch mit frischem Spitzkohl.

Gemüseeintopf

Zutaten (für 4 Portionen)

1 Zwiebel
400 g Lauch
350 g Möhren
400 g Kartoffeln
350 g Rosenkohl
3 EL Öl
1 l Gemüsebrühe
80 g Grünkernschrot
1 Bund Petersilie
4 TL saure Sahne

Zubereitung

Zwiebel schälen und fein würfeln. Lauch waschen, putzen und in Ringe schneiden, Möhren schälen und in Scheiben schneiden, Kartoffeln schälen und würfeln, Rosenkohl putzen und in kleine Röschen teilen .

2 Esslöffel Öl in einem Topf erhitzen und Zwiebelwürfel darin anbraten. Gemüse zugeben und mitdünsten. Gemüsebrühe zugießen und aufkochen. Bei schwacher Hitze ca. 10 Minuten kochen lassen.

Restliches Öl in einer Pfanne erhitzen, Grünkernschrot darin anrösten, zum Eintopf geben und weitere ca. 30 Minuten kochen lassen.

Petersilie waschen, trocken schütteln, Blättchen von den Stängeln zupfen, hacken und zugeben. Gemüseeintopf auf Teller verteilen und jeweils mit 1 Teelöffel saurer Sahne garnieren.

Kresse-Sahne-Suppe

Zutaten (für 4 Portionen)

1 Schälchen Gartenkresse
500 ml Fleischfond
125 ml trockener Weißwein
3 EL saure Sahne
Salz
frisch gemahlener weißer Pfeffer
125 g Sahne
15 g Butter

Zubereitung

Kresse abschneiden, in ein Sieb geben, waschen, abtropfen lassen und sehr fein hacken.

In einem Topf den Fond mit der Kresse zum Kochen bringen. Wein und saure Sahne zufügen und mit Salz und Pfeffer abschmecken.

Sahne steif schlagen. Topf vom Herd ziehen und Sahne einrühren. Butter zufügen und mit dem Schneebesen unterschlagen. Suppe sofort servieren.

Tipp Gartenkresse ist üblicherweise als kleines Schälchen im Handel erhältlich. Die würzigere Brunnenkresse hingegen können Sie an den Rändern von Bächen sammeln.

Gebrannte Grießsuppe

Zutaten (für 4 Portionen)

2 EL Butter
4 EL Grieß
4 TL Mehl
2 Gemüsebrühwürfel
Salz
frisch gemahlener Pfeffer

Zubereitung

Butter in einem großen Topf zerlassen, Grieß und Mehl darin unter ständigem Rühren braun anrösten. 1 Liter Wasser langsam zugießen und alles zusammen aufkochen lassen.

Brühwürfel zugeben und Suppe ca. 20 Minuten bei geringer Hitze quellen lassen. Mit Salz und Pfeffer abschmecken. Wer mag, kann kurz vor dem Servieren 2 Eier verschlagen und unter Rühren in die Suppe geben.

Leichte Frühlingskräutersuppe

Zutaten (für 4 Portionen)

1 Bund Basilikum
1 Bund Kerbel
1 Bund Bärlauch
800 ml Geflügelfond
100 g Butter
100 g Crème fraîche
1 EL geschlagene Sahne
Salz
frisch gemahlener Pfeffer

Zubereitung

Kräuter putzen, waschen, trocken schütteln und von den Stielen zupfen. Kräuter grob hacken.

Fond aufkochen und von der Kochstelle nehmen. Kalte Butter in Stücke schneiden und mit Crème fraîche sowie den Kräutern in den Fond geben und mit dem Stabmixer schaumig schlagen.

Sahne unter die Suppe ziehen. Mit Salz und Pfeffer abschmecken und sofort servieren.

Schnittlauchsuppe

Zutaten (für 4 Portionen)

40 g Butter
40 g Mehl
750 ml Gemüsebrühe
125 g Sahne
2 Bund Schnittlauch
200 g Naturjoghurt
Salz
frisch gemahlener Pfeffer

Zubereitung

Butter in einem großen Topf erhitzen, Mehl zufügen und hellgelb anbraten. Mit dem Schneebesen unter ständigem Rühren die Brühe und die Sahne zugießen und die Suppe ca. 5 Minuten köcheln lassen.

Schnittlauch waschen, trocken schütteln und in Röllchen schneiden. Mit dem Joghurt in die Suppe rühren, kurz aufkochen lassen, mit Salz und Pfeffer abschmecken und servieren.

Biersuppe

Zutaten (für 4 Portionen)

6 Zwiebeln
2 EL Butter
1 EL Mehl
Salz
frisch gemahlener Pfeffer
500 ml dunkles Bier
1 l Fleischfond

Zubereitung

Zwiebeln schälen, hacken und in der Butter glasig dünsten. Mit Mehl bestäuben, salzen, pfeffern und kurz anschwitzen lassen. Mit Bier und 1 Liter Brühe auffüllen. Bei geringer Hitze ca. 20 Minuten köcheln lassen.

Schwäbische Flädlesuppe

Zutaten (für 4 Portionen)

80 g Mehl
Salz
125 ml Milch
½ Bund Schnittlauch
1 Ei
Öl zum Ausbacken
1 l Fleischfond

Zubereitung

Mehl, 1 Prise Salz und Milch gut verrühren. Schnittlauch waschen, trocken schütteln und in Röllchen schneiden. Ei und Schnittlauch unter den Teig rühren und ca. 15 Minuten ruhen lassen.

In einer Pfanne etwas Öl erhitzen. Mit einem Schöpflöffel den Teig eingießen und unter Schwenken der Pfanne gleichmäßig dünn verteilen, ca. 2–3 Minuten backen, dann umdrehen und in ca. 1–2 Minuten fertig backen.

Pfannkuchen aus der Pfanne nehmen und abkühlen lassen. So fortfahren, bis der ganze Teig verbraucht ist.

Erkaltete Pfannkuchen aufrollen und in feine Streifen schneiden. Fleischfond erhitzen, eventuell mit etwas Salz abschmecken. Pfannkuchenstreifen auf 4 Teller verteilen, heiße Brühe darüber geben und sofort servieren.

Tipp Bereiten Sie die Pfannkuchen auf Vorrat zu und frieren Sie diese portionsweise sowie fertig geschnitten ein. Sie sind so etwa 3 Monate haltbar.

Kichererbseneintopf

Zutaten (für 4 Portionen)

250 g getrocknete Kichererbsen
1 l Gemüsebrühe
1 Kartoffel
4 Tomaten
1 Zwiebel
3 Möhren
1 Stange Lauch
1 Paprikaschote
2 Knoblauchzehen
20 ml Öl
1 Bund Petersilie
Salz
frisch gemahlener Pfeffer

Zubereitung

Kichererbsen waschen und in 1 Liter kaltem Wasser, am besten über Nacht, einweichen.

Brühe zugeben. Kichererbsen mit dem Einweichwasser und der Brühe zum Kochen bringen.

Kartoffel schälen, waschen und würfeln. Tomaten heiß überbrühen, häuten, Stielansätze entfernen und vierteln. Zwiebel schälen und hacken. Möhren schälen, waschen und in Scheiben schneiden. Lauch unter Wasser säubern und in Ringe schneiden. Paprikaschote waschen, putzen und würfeln. Knoblauchzehen schälen.

Gemüse in die kochende Brühe zu den Kichererbsen geben und den Knoblauch durch die Presse drücken und zufügen. Öl in die Suppe rühren. Den Eintopf zugedeckt bei mittlerer Hitze ca. 1 Stunde garen.

Petersilie waschen, trocken schütteln und ohne die groben Stiele fein hacken. Den Eintopf mit Salz und Pfeffer abschmecken und mit der Petersilie bestreut servieren.

Tipp Wenn es einmal schneller gehen soll, können Sie auch vorgegarte Kichererbsen aus der Dose verwenden.

Linseneintopf

Zutaten (für 4 Portionen)

250 g Linsen
1 Zwiebel
1 Stange Lauch
250 g Kartoffeln
1 Möhre
4 EL Öl
Salz
frisch gemahlener Pfeffer
1 TL getrockneter Majoran
2–4 EL Essig
2 Paar Wiener Würstchen
300 g Spätzle

Zubereitung

Linsen waschen und über Nacht in 1 Liter kaltem Wasser einweichen.

Zwiebel schälen und fein hacken. Lauch putzen, gründlich waschen und in feine Ringe schneiden. Kartoffeln und Möhre waschen, schälen und würfeln.

1 Esslöffel Öl in einen großen Topf geben, Zwiebel zufügen und bei mittlerer Hitze glasig dünsten. Gemüse und Linsen mit dem Einweichwasser zufügen und alles langsam erhitzen, eventuell den Schaum abschöpfen. Zugedeckt ca. 1 Stunde bei geringer Hitze köcheln lassen. Sollte der Eintopf zu dick werden, noch etwas Wasser zugeben.

Spätzle in Salzwasser nach Packungsanleitung garen. Linseneintopf mit Salz, Pfeffer, Majoran und Essig nach Belieben kräftig abschmecken, Würste in den Topf geben und erhitzen.

Restliches Öl in einer Pfanne erhitzen. Spätzle darin anbraten, dabei öfter umdrehen. Spätzle zu dem Linseneintopf servieren.

Tipp Salzen Sie die Linsen erst kurz vor dem Servieren, da sich die Garzeit sonst erheblich verlängern kann und der Eintopf leicht anbrennt.

Ziegenkäsesuppe mit Brokkoli

Zutaten (für 4 Portionen)

1 großer Brokkoli
1 l Gemüsebrühe
100 g Ziegenkäse
Salz
frisch gemahlener Pfeffer
½ TL gemahlener Kümmel
½ Bund Petersilie

Zubereitung

Brokkoli waschen. Röschen vom Strunk schneiden. Strunk in ca. 5 Millimeter dicke Scheiben schneiden. Gemüsebrühe in einem Topf erhitzen und Brokkolischeiben zufügen, ca. 5 Minuten kochen lassen. Röschen in die Brühe geben und weitere ca. 5–10 Minuten köcheln lassen. Suppe von der Herdplatte nehmen und Ziegenkäse zugeben. Suppe mit dem Stabmixer pürieren.

Topf wieder auf den Herd stellen und Suppe bei schwacher Hitze köcheln lassen, bis der Ziegenkäse ganz geschmolzen ist. Mit Salz, Pfeffer und Kümmel abschmecken. Petersilie waschen, trocken schütteln und hacken. Vor dem Servieren über die Suppe streuen.

Klosterwissen

In der Geschichte der Käseherstellung spielen die Klöster des Mittelalters eine äußerst wichtige Rolle. Einige der heute bekanntesten Käsesorten wie Appenzeller, Edamer, Emmentaler und Gouda sind durch Klosterhandschriften um 1100 überliefert. Neben den in den Klöstern selbst hergestellten Käsesorten sammelten Mönche die Rezepte der Bauern und hielten sie für die Nachwelt fest. Dass Käsesuppe in Klöstern nur außerhalb der strengen Fastenzeit verzehrt werden durfte, belegt die Redewendung „klar wie Kloßbrühe", die sich auf die dünne, „durchsichtige" Klostersuppe der Fastenzeit bezieht.

Eintopf mit Kichererbsen, Linsen und Saubohnen

Zutaten (für 4 Portionen)

85 g getrocknete Saubohnen
35 g getrocknete Kichererbsen
35 g Linsen
1 Zwiebel
1 Knoblauchzehe
1 Stange Staudensellerie mit Grün
½ Bund Petersilie
1 EL Olivenöl
½ TL Kümmel
¼ TL Koriander
¼ TL getrockneter Thymian
35 g Perlgraupen
Salz
frisch gemahlener Pfeffer

Zubereitung

Saubohnen 2 Tage, Kichererbsen 1 Tag und Linsen ca. 10 Stunden in Wasser einweichen.

Zwiebel und Knoblauch schälen, Zwiebel klein schneiden, Knoblauch sehr fein hacken oder mit einer Gabel zerdrücken. Sellerie waschen, putzen und in kleine Würfel schneiden. Petersilie waschen, trocken schütteln und fein hacken.

Hülsenfrüchte abgießen. Öl in einem großen Topf erhitzen. Zwiebel, Knoblauch und Sellerie darin andünsten. Kümmel, Koriander, Thymian und Petersilie zufügen, weitere ca. 5 Minuten dünsten.

Saubohnen und Kichererbsen hineingeben, 900 Milliliter Wasser angießen, aufkochen und ca. 1 Stunde garen. Linsen und Perlgraupen einrühren und ca. 1 Stunde kochen lassen, bis die Hülsenfrüchte weich sind. Mit Salz und Pfeffer abschmecken. Der Eintopf kann kalt oder warm serviert werden.

Rote-Bete-Suppe

Zutaten (für 4 Portionen)

800 g Rote Bete
5–6 Suppenknochen
1 EL Essig
¼ TL Zucker
½ TL gemahlener Kümmel
Salz
½ Bund Petersilie

Zubereitung

Rote Bete waschen, putzen, schälen und in dünne Scheiben, eine davon in dünne Streifen schneiden. Suppenknochen waschen und mit 1 Liter Wasser in einem großen Topf erhitzen. Rote-Bete-Scheiben zufügen und zugedeckt bei schwacher Hitze ca. 2 Stunden garen.

Suppe über einem Sieb abgießen, in Streifen geschnittene Rote Bete zufügen, mit Essig, Zucker, Salz und Kümmel süßsauer abschmecken und weitere ca. 30 Minuten köcheln lassen.

Petersilie waschen, trocken schütteln und hacken. Rote-Bete-Suppe mit Petersilie bestreuen.

Tipp Als Suppeneinlage passen auch kleine Nudeltäschchen mit Hackfleischfüllung oder Grießklößchen.

Sauerampfersuppe mit Lachs

Zutaten (für 4 Portionen)

200 g Sauerampfer
1 Zwiebel
1 Knoblauchzehe
250 g Kartoffeln
2 EL Öl
1 l Hühnerfond
Salz
weißer Pfeffer
2–3 EL Sahne
50 g Räucherlachs

Zubereitung

Sauerampfer waschen, die Stiele entfernen, den Rest hacken. Zwiebel und Knoblauch schälen. Zwiebel würfeln, Knoblauch durch eine Presse drücken. Kartoffeln waschen, schälen und in kleine Würfel schneiden.

Zwiebel im heißen Öl andünsten. Sauerampfer und Knoblauch zugeben und ca. 5 Minuten weiterdünsten. Hühnerfond zugießen, aufkochen und Kartoffeln zufügen. Zugedeckt ca. 15 Minuten garen, bis die Kartoffeln weich sind.

Suppe durch ein Sieb passieren oder pürieren. Mit Salz und Pfeffer abschmecken und mit Sahne verfeinern.

Räucherlachs in feine Streifen schneiden und kurz vor dem Servieren in die Sauerampfersuppe geben.

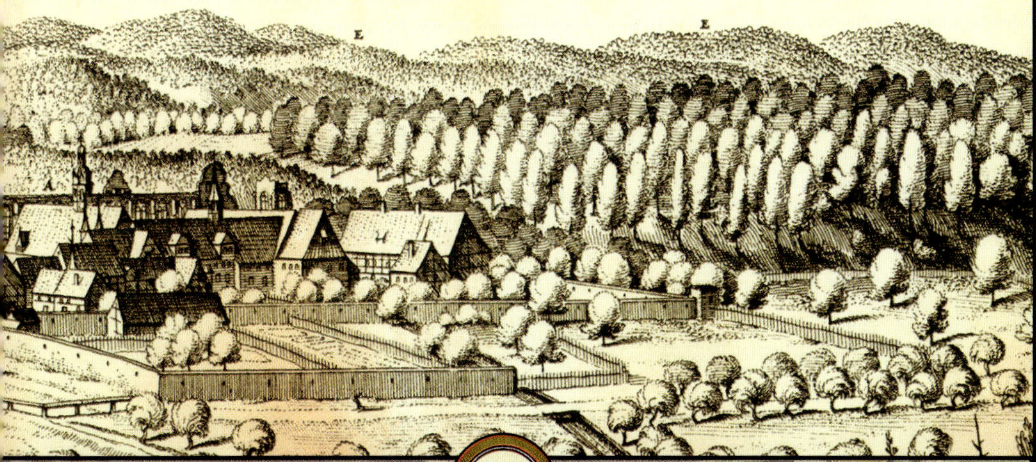

Brennnesselsuppe mit Weißbrotwürfeln

Zutaten (für 4 Portionen)

400 g Brennnesseln
750 ml Rinderfond
2 Schalotten
1 Knoblauchzehe
3 EL Butter
2 EL Mehl
250 ml Milch
2 Scheiben Weißbrot
Salz
frisch gemahlener Pfeffer
4 EL saure Sahne

Zubereitung

Brennnesseln verlesen, kurz überbrühen (dann brennen sie nicht mehr), gründlich waschen. Fond zum Kochen bringen und Brennnesseln zufügen. Ca. 7 Minuten köcheln lassen. Sud über einem Sieb abgießen und auffangen, Brennnesseln beiseite stellen.

Schalotten und Knoblauch schälen und fein würfeln. 2 Esslöffel Butter in einem großen Topf erhitzen, Schalotten und Knoblauch darin glasig dünsten. Mehl darüber stäuben, kurz anschwitzen und Milch langsam mit einem Schneebesen einrühren. Brennnesselsud zugeben und alles ca. 15 Minuten bei mittlerer Hitze kochen.

Weißbrotscheiben in kleine Würfel schneiden. In einer Pfanne die restliche Butter erhitzen und die Brotwürfel darin goldbraun anbraten.

Brennnesseln wieder in die Suppe geben und mit dem Stabmixer pürieren. Mit Salz und Pfeffer abschmecken.

Suppe in Tellern anrichten. Mit saurer Sahne und Brotwürfeln garniert servieren.

Kartoffel-Tomaten-Suppe mit Rauke

Zutaten (für 4 Portionen)

1 Zwiebel
1 Knoblauchzehe
150 g mehlig kochende Kartoffeln
1 Dose Tomaten (à 400 g)
2 EL Öl
750 ml Gemüsebrühe
125 g Rauke
150 g Sahne
Salz
frisch gemahlener Pfeffer
1 Prise Zucker

Zubereitung

Zwiebel und Knoblauch schälen und fein hacken. Kartoffeln schälen, waschen und in kleine Würfel schneiden. Tomaten aus der Dose klein schneiden, Saft auffangen und beiseite stellen.

Öl in einem großen Topf erhitzen. Zwiebel, Knoblauch und Kartoffeln darin andünsten. Tomaten zufügen und kurz mitdünsten. Tomatensaft und Brühe angießen und zugedeckt bei mittlerer Hitze ca. 20 Minuten köcheln lassen.

Rauke waschen, trocken schütteln und fein hacken.

Suppe mit dem Stabmixer pürieren. Sahne unterrühren und kurz aufkochen lassen. Rauke in die Suppe geben und mit Salz, Pfeffer und Zucker abschmecken.

Klosterwissen

Die heute besser unter dem Namen Rucola bekannte Garten-Rauke ist bereits im Frühmittelalter als Salatpflanze überliefert. Schon seit Ovid stand sie in dem Ruf, Unkeuschheit zu befördern. Der Leibarzt des englischen Königs Jacob I. wusste folgende Anekdote zu berichten: „Einst bot ein Charlatan den Samen der Senfrauke den Mönchen eines Klosters feil und pries ihn als Mittel gegen die Trägheit an. Die Mönche nahmen ihn und wurden genötigt, ihr Gelübde zu brechen."

Spargelsuppe mit Brunnenkresse

Zutaten (für 4 Portionen)

1 kg weißer Spargel
Salz
4 Schalotten
1 EL Butter
2 TL Zucker
1 TL Instant-Fleischfond
200 g Sahne
1 TL Speisestärke
1 EL Butter
weißer Pfeffer
etwas frisch geriebener Muskat
40 g Brunnenkresse

Zubereitung

Spargel schälen, holzige Enden abschneiden. Spargelspitzen in ca. 3 Zentimeter Länge abschneiden, Stangen in feine Scheiben schneiden. Schalen mit 1 ½ Liter Wasser und 1 Teelöffel Salz in einem großen Topf ca. 20–30 Minuten kochen. Spargelfond über einem Sieb abgießen und aufkochen lassen. Spargelspitzen darin in ca. 5–7 Minuten bissfest garen.

Schalotten schälen und fein hacken. Butter in einem großen Topf erhitzen und Schalotten darin glasig dünsten. Mit 250 Milliliter Spargelfond aufgießen, Spargelscheiben, Zucker und Fleischfond zugeben. Ca. 15–20 Minuten köcheln lassen, mit einem Stabmixer pürieren und wenn nötig durch ein Sieb streichen. Sahne unterrühren, Stärke mit etwas Wasser glatt rühren und mit dem Schneebesen unter die Suppe schlagen. Einmal aufkochen lassen.

Eiskalte Butter in die Suppe geben und mit dem Stabmixer schaumig durchschlagen. Mit Salz, Pfeffer und Muskat abschmecken. Spargelspitzen in die Suppe geben und kurz erwärmen. Brunnenkresse waschen, trocken schütteln und Blättchen in feine Streifen schneiden. Suppe mit Brunnenkresse bestreuen und servieren.

Tipp Brunnenkresse sollte vor dem rohen Verzehr immer gründlich gewaschen werden (am besten unter fließendem Wasser), da die Larven von Leberegeln an den Unterseiten der Blätter haften können. Diese sind aber gut sichtbar. An Stellen, an denen Kuh- oder Schafweiden in der Nähe sind, verzichten Sie besser auf das Ernten von Brunnenkresse, denn Wiederkäuer sind die eigentlichen Zwischenwirte für die Leberegel. Die Wahrscheinlichkeit, dass hier Leberegel zu finden sind, ist an diesen Stellen viel höher als andernorts.

Bunter Rindfleischeintopf

Zutaten (für 4 Portionen)

1 kg Rindfleisch aus der Keule
3 EL Butterschmalz
Salz
frisch gemahlener Pfeffer
1 TL edelsüßes Paprikapulver
2 TL Mehl
2 TL Tomatenmark
6 Zwiebeln
2 Knoblauchzehen
250 ml Rotwein
250 ml Fleischfond
2 Lorbeerblätter
6 Nelken
250 g Kartoffeln
5 Möhren
1 grüne Paprikaschote
5 Tomaten

Zubereitung

Rindfleisch waschen, trocken tupfen und in ca. 4 Zentimeter große Würfel schneiden. Das Butterschmalz in einem Topf erhitzen und das Rindfleisch darin ca. 10 Minuten anbraten. Mit Salz, Pfeffer und Paprikapulver würzen und mit Mehl überstäuben. Tomatenmark unterrühren.

Zwiebeln und Knoblauch schälen. Zwiebeln hacken, Knoblauch zerdrücken und beides zum Fleisch geben und ca. 5 Minuten schmoren lassen. Mit Rotwein und Fleischfond ablöschen.

Lorbeerblätter und Nelken zufügen und ca. 25 Minuten bei geringer Hitze garen. Inzwischen Kartoffeln schälen, Möhren und Paprikaschote waschen und putzen. Kartoffeln, Möhren und Paprikaschote in kleine Stücke schneiden, zum Fleisch geben und zugedeckt weitere ca. 10 Minuten schmoren lassen.

Tomaten überbrühen, häuten, vierteln und vom Stielansatz befreien. Tomatenviertel zum Rindfleisch geben und weitere ca. 5–10 Minuten garen.

„Mose fuhr fort: Weil der Herr gehört hat,
wie ihr laut gegen ihn gemurrt habt,
wird der Herr euch heute Abend Fleisch und
morgen früh Brot in Fülle zu essen geben."

(2. Mose 16,8)

Fleisch-gerichte

Pikante Rinderrouladen

Zutaten (für 4 Portionen)

4 Rinderrouladen (à 125 g)
4 TL Senf
Salz
weißer Pfeffer

2 Gewürzgurken
50 g durchwachsener Speck
1–2 Zwiebeln
2 EL Öl

4 EL dunkler Soßenbinder
1 EL saure Sahne

Zubereitung

Rinderrouladen unter fließendem Wasser waschen, trocken tupfen und mit Senf bestreichen. Mit Salz und Pfeffer würzen.

Gewürzgurken und Speck in kleine Würfel schneiden. Zwiebeln schälen, würfeln und alles auf dem Fleisch verteilen.

Fleisch aufrollen, mit Rouladennadeln zusammenstecken oder mit Fäden zusammenbinden. Öl in einem Topf erhitzen und Rouladen darin von allen Seiten braun anbraten.

125 Milliliter Wasser zugießen und Rouladen zugedeckt bei schwacher Hitze ca. 50–60 Minuten garen. Herausnehmen und warm stellen.

Bratenfond mit Wasser auf 375 Milliliter Flüssigkeit auffüllen und aufkochen. Soßenbinder unter Rühren einstreuen und ca. 1 Minute kochen lassen. Mit saurer Sahne, Salz und Pfeffer abschmecken. Dazu passen als Beilage Spiralnudeln und gedünstetes Möhrengemüse.

Sauerbraten

Zutaten (für 4 Portionen)

800 g Rindfleisch
2 Möhren
1 Zwiebel
125 ml Weinessig
1 Prise Zucker
3 Nelken
8 Pfefferkörner
1 Lorbeerblatt
4 Wacholderbeeren
frisch gemahlener Pfeffer
Salz
30 g Butterschmalz
60 g Lebkuchenbrösel
1 EL Apfelkraut
200 g Rosinen
3 EL saure Sahne

Zubereitung

Fleisch unter fließendem Wasser waschen, trocken tupfen und in einen Topf geben. Möhren und Zwiebel schälen, in kleine Stücke schneiden und in einen zweiten Topf geben. Essig, Zucker, 1 Liter Wasser und Gewürze ebenfalls zugeben und alles aufkochen.

Marinade abkühlen lassen, über das Fleisch gießen und 2–3 Tage ruhen lassen. Fleisch ab und zu wenden.

Fleisch aus der Marinade nehmen und abtrocknen. Mit Pfeffer und Salz einreiben. Butterschmalz in einem Bräter erhitzen und das Fleisch darin von allen Seiten scharf anbraten.

Marinade durch ein Sieb streichen. Lebkuchenbrösel und Apfelkraut zugeben und mit der Marinade ablöschen. Bei mittlerer Hitze und unter ständigem Begießen ca. 1 ½ Stunden schmoren. Rosinen waschen und ca. 15 Minuten vor Ende der Garzeit zugeben.

Fleisch herausnehmen und warm stellen. Soße abschmecken und mit saurer Sahne verfeinern. Das Fleisch aufschneiden und auf einer Platte anrichten. Dazu passen Kartoffelklöße und Apfelmus.

Tipp Beim Apfelkraut handelt es sich um den eingekochten Saft aus Äpfeln. Dieser wird mit oder auch ohne Zugabe von Zucker hergestellt. Teilweise wird auch Saft aus anderen Früchten (meistens Birnen) zugefügt, außerdem noch verschiedene würzende Zutaten. Eigentlich ist das Apfelkraut ein Brotaufstrich, verfeinert allerdings auch ganz herrlich Soßen oder Gebäck.

Kloster Maria Laach

Bereits 1855 wurde ein großer Teil des ursprünglichen Abteigebäudes bei einem Brand zerstört. Inzwischen ist das Leben im Kloster Maria Laach wieder sehr aktiv. Neben einem Buch- und Kunstverlag gehören eine umfangreiche Gärtnerei, ein 65 Hektar umfassender biologischer Obstgarten, ein Hotel, die Fischerei sowie das Klostergut mit 350 Hektar Nutzfläche und über 300 extensiv gehaltene Rinder zum Kloster. Die Produkte kann man zum großen Teil im Klosterladen kaufen, vom Apfelsaft bzw. Apfelwein bis zu Glocken aus der Glockengießerei.

Rinderfilets mit Kartoffelrösti

Zutaten (für 4 Portionen)

500 g Kartoffeln
1 Zwiebel
2 EL Mehl
3 Eier
frisch gemahlener Pfeffer

Salz
etwas frisch geriebener Muskat
200 g Butterschmalz
100 ml trockener Rotwein
2 EL Essig

150 ml Rinderfond
1 TL Tomatenmark
4 Filetsteaks (à 200 g)
1 EL roter Pfeffer
1 EL Zucker

Zubereitung

Kartoffeln schälen, waschen und grob raspeln. Zwiebel schälen und fein hacken.

Zwiebel, Mehl, Eier und Kartoffeln in einer Schüssel gut vermischen. Mit Pfeffer, Salz und Muskat würzen.

80 Gramm Butterschmalz in einer Pfanne erhitzen und den Teig portionsweise hineingeben. Die Rösti von jeder Seite ca. 3 Minuten ausbacken.

Rotwein, Essig, Fond und Tomatenmark in einem Topf aufkochen und um die Hälfte reduzieren lassen.

Steaks unter fließendem Wasser waschen und trocken tupfen. 20 Gramm Butterschmalz in einer Pfanne erhitzen und die Steaks darin von jeder Seite ca. 3 Minuten braten. Aus der Pfanne nehmen, mit Pfeffer und Salz würzen und in Alufolie einschlagen.

Bratfett abgießen, eingekochten Fond in die heiße Pfanne geben und so den Bratensatz loskochen. Roten Pfeffer und Zucker zufügen und Soße nochmals einkochen lassen. Von der Kochstelle nehmen und restliches kaltes, in Stücke geschnittenes Butterschmalz in die Soße rühren. Mit Pfeffer und Salz abschmecken. Steaks auf den Rösti anrichten und mit Soße servieren.

Kalbsmedallions mit Sauerampfersoße

Zutaten (für 4 Portionen)

8 Kalbsmedaillons (à 40 g)
40 g Sauerampferblätter
Salz
frisch gemahlener Pfeffer
1 EL Öl
2 EL Butter
80 g Sahne
1 TL Zitronensaft

Zubereitung

Fleisch waschen und mit Küchenpapier trocken tupfen. Sauerampfer verlesen, waschen und trocken schütteln. Sauerampfer in feine Streifen schneiden. Den Backofen auf 100 °C (Umluft: 80 °C) vorheizen.

Medaillons mit Salz und Pfeffer würzen. Öl in einer beschichteten Pfanne erhitzen und die Medaillons auf jeder Seite ca. 2 Minuten braten, sodass sie innen noch leicht rosa sind. Das Fleisch aus der Pfanne nehmen und im Backofen warm halten.

Butter im Bratenfond zerlassen, den klein geschnittenen Sauerampfer und die Sahne zugeben und die Soße unter Rühren ca. 2 Minuten lang kochen. Soße mit Zitronensaft, Salz und Pfeffer abschmecken.

Medaillons kurz in der Soße ziehen lassen. Dazu passt gedämpftes Gemüse.

Tipp Sollten Sie keinen Sauerampfer bekommen, können Sie für dieses Gericht ebenso gut Salbei verwenden.

Gefüllter Kalbsrollbraten

Zutaten (für 6 Portionen)

1 kg Kalbsfleisch aus der Keule
Salz
frisch gemahlener Pfeffer
edelsüßes Paprikapulver
150 g Zwiebeln
1 EL geriebener Meerrettich
3 EL frische, gehackte Kräuter
100 g Lauch
100 g Möhren
70 g Toastbrot
6 EL Milch
1 Ei
1 EL Paniermehl
20 g Butter
30 g Butterschmalz
375 ml Fleischfond
125 ml Weißwein
150 g saure Sahne

Zubereitung

Kalbsfleisch unter fließendem Wasser waschen, trocken tupfen und auf einer Seite mit Salz, Pfeffer und Paprikapulver würzen.

100 Gramm Zwiebeln schälen und fein würfeln. Zusammen mit dem Meerrettich und den Kräutern auf dem Fleisch verteilen.

Lauch und Möhren waschen und putzen. 50 Gramm Lauch, 50 Gramm Möhren und Toastbrot fein würfeln. Toastbrot in Milch legen und ziehen lassen. Lauch- und Möhrenwürfel mit Toastbrot, Ei, Paniermehl und weicher Butter vermischen, würzen und auf dem Fleisch verteilen. Fleisch aufrollen und zusammenbinden.

Butterschmalz in einem Bräter erhitzen und das Fleisch darin von allen Seiten kräftig anbraten. Restliche Zwiebeln, Möhren und Lauch in Stücke schneiden, dazu geben und mit anrösten. Nach und nach mit Fond und Wein ablöschen.

Zugedeckt bei geringer Hitze ca. 1 ½ Stunden schmoren. Braten herausnehmen. Bratenfond mit saurer Sahne abschmecken.

Schnitzel in Waldmeistersahne

Zutaten (für 4 Portionen)

4 Schweineschnitzel
Salz
frisch gemahlener Pfeffer
2 Zwiebeln
50 g Waldmeister
4 EL Öl
150 ml Fleischfond
3–4 EL Sahne
125 ml Weißwein
½ Bund Schnittlauch

Zubereitung

Fleisch kurz waschen, trocken tupfen, klopfen, salzen und pfeffern. Zwiebeln schälen und fein hacken. Waldmeister waschen, trocken schütteln und fein hacken.

In einer Pfanne Öl erhitzen. Schnitzel von jeder Seite ca. 2–3 Minuten kräftig anbraten. Hitze reduzieren und Zwiebeln und Waldmeister zugeben. Kurz mitdünsten, mit dem Fond ablöschen und etwas einkochen lassen.

Sahne und Wein zufügen, eventuell mit Salz und Pfeffer abschmecken. Schnittlauch waschen, trocken schütteln, in kleine Röllchen schneiden und über das Fleisch geben. Dazu passen Spätzle oder Reis und Salat.

Gefüllte Schweinelende

Zutaten (für 4 Portionen)

4 Schweinelenden (à 200 g)
200 g Champignons
150 g Blauschimmelkäse
Salz
frisch gemahlener Pfeffer
2 EL Butter
1 EL gehackte Petersilie
3 EL Butterschmalz
250 ml Kalbsfond

Zubereitung

In alle Schweinelenden eine Tasche schneiden.

Champignons putzen, kurz waschen und grob hacken. Käse in gleich große Würfel schneiden. Lenden unter fließendem Wasser waschen, trocken tupfen und von beiden Seiten mit Salz und Pfeffer würzen.

Butter in einer Pfanne erhitzen und Pilze darin anbraten, mit Salz und Pfeffer abschmecken und Petersilie unterrühren. Die Käse-Pilz-Mischung in die Lenden füllen, diese gut zusammendrücken und mit kleinen Fleischnadeln zusammenstecken.

Backofen auf 180 °C (Umluft: 160 °C) vorheizen. Butterschmalz in einer großen Pfanne erhitzen und die Lenden auf beiden Seiten anbraten, herausnehmen und auf dem Rost im vorgeheizten Backofen ca. 10 Minuten fertig garen.

Den Bratensatz mit Kalbsfond ablöschen, kurz aufkochen lassen und durch ein Sieb passieren. Nach Geschmack mit etwas Salz und Pfeffer nachwürzen.

Herbstliches Geschnetzeltes

Zutaten (für 4 Portionen)

400 g Geschnetzeltes von Kalb oder Schwein
3 El Öl
Salz
weißer Pfeffer

1 Zwiebel
400 g Gemischte Pilze (z.B. Austernpilze, Champignons, Pfifferlinge)
1 Tl rote Pfefferkörner
200 g Sahne

3 Tl Instant-Bratensaft
3–4 El heller Soßenbinder
1–2 El halbtrockener Weißwein
Kerbel oder glatte Petersilie zum Garnieren

Zubereitung

Geschnetzeltes in einem Topf mit heißem Öl anbraten. Mit Salz sowie Pfeffer würzen und herausnehmen.

Zwiebel schälen und fein würfeln. Geputzte Pilze in Scheiben schneiden. Zwiebelwürfel im heißen Öl andünsten, Pilze und rote Pfefferkörner dazugeben. Zusammen dünsten lassen.

Mit Sahne und 300 Milliliter Wasser aufgießen. Instant-Bratensaft einrühren und aufkochen. Mit Soßenbinder binden.

Fleisch zugeben und nach Belieben mit Weißwein, Salz und Pfeffer abschmecken. Kerbel oder Petersilie waschen, trocken schütteln, Blätter abzupfen und garnieren. Dazu passen Bandnudeln.

Schweinefilet mit Äpfeln

Zutaten (für 4 Portionen)

2 Schweinefilets (à 250 g)
2 Äpfel
2 EL Öl
Salz
Brauner Zucker
100 g Sahne
Kräuter (TK-Produkt)
2–4 EL Calvados oder Apfelsaft

Zubereitung

Filets unter fließendem Wasser waschen, trocken tupfen und in ca. 1 Zentimeter dicke Scheiben schneiden. Äpfel schälen, von Stielansatz und Kerngehäuse befreien und in ca. 1 Zentimeter breite Scheiben schneiden.

Öl in einer Pfanne erhitzen und Filets darin von beiden Seiten anbraten. Mit etwas Salz würzen, herausnehmen und warm stellen.

Äpfel mit etwas braunem Zucker in die Pfanne geben, von beiden Seiten goldgelb anbraten, herausnehmen und warm stellen.

Den Bratensatz mit Sahne ablöschen und aufkochen. Gefrorene Kräuter zugeben und mit Calvados oder Apfelsaft abschmecken. Fleisch und Äpfel in die Soße geben. Dazu passt Kartoffelpüree.

Klosterwissen

In den Aufzeichnungen des Mönches Ekkehard (910–973), Dekan des Klosters St. Gallen, steht, dass Schwein in allen Varianten in der mönchischen Speisekammer zu finden war – gesotten, gebraten, als Speck und Schinken, in Form eines ganzen Spanferkels. Heutzutage tun sich immer mehr Klöster in der Biolandwirtschaft hervor und züchten ökologisch und artgerecht u. a. alte Schweinerassen wie das Livar-Limburgische Klosterschwein.

Herzhafter Schweinekrustenbraten

Zutaten (für 4 Portionen)

1 Bund Suppengrün (z. B. Lauch, Möhren, Selleriewurzel, Petersilie)
1 Zwiebel
2 Lorbeerblätter
3 Nelken
1 kg Schweinekrustenbraten
Salz
frisch gemahlener Pfeffer
100 ml Bier
1 EL Honig
1 EL scharfer Senf
300 ml Fleischfond
dunkler Soßenbinder
etwas frisch geriebener Muskat

Zubereitung

Lauch, Möhren und Selleriewurzel putzen, schälen, waschen und in grobe Scheiben bzw. Würfel schneiden. Kräuter waschen, trocken schütteln und Blätter von den Stielen zupfen, anschließend hacken. Zwiebel schälen und in ca. 2 Zentimeter große Würfel schneiden. Alles zusammen mit Lorbeerblättern und Nelken in einen flachen Bräter geben.

Backofen auf 175 °C (Umluft: 155 °C) vorheizen. Schweinekrustenbraten unter fließendem Wasser waschen, trocken tupfen und mit Salz und Pfeffer einreiben. Schwarte an der Oberfläche rautenförmig einritzen. Mit der Schwarte nach oben auf das Gemüse setzen und 50–60 Minuten im Backofen garen.

Bier mit Honig und Senf verrühren und den Braten damit immer wieder bestreichen.

Temperatur auf 220 °C (Umluft: 200 °C) erhöhen und das Fleisch weitere ca. 20 Minuten braten.

Fleisch herausnehmen und warm stellen. Fleischfond in den Bratensatz rühren und aufkochen. Ist die Soße zu dünn, mit Soßenbinder binden. Soße durch ein Sieb passieren, mit Salz, Pfeffer und Muskat abschmecken. Dazu passen Semmelknödel und Krautsalat.

Gefüllter Schweinebraten

Zutaten (für 6 Portionen)

1 kg Schweinebraten (vom Metzger eine Tasche einschneiden lassen)
weißer Pfeffer
1 Apfel
1 Zwiebel
1 Bund Schnittlauch
2–3 EL Paniermehl
1 EL Butter
Salz
2–3 EL Öl
600 ml Fleischfond
2 EL Calvados oder Apfelsaft

Zubereitung

Schweinefleisch unter fließendem Wasser waschen, trocken tupfen und mit Pfeffer bestreuen.

Apfel waschen, vierteln, vom Kerngehäuse befreien und würfeln. Zwiebel schälen und fein würfeln. Schnittlauch waschen, trocken tupfen und fein hacken. Apfel, Zwiebel und Schnittlauch mit Paniermehl und geschmolzener Butter vermischen. Mit Salz und Pfeffer würzen und in die Fleischtasche füllen. Mit Küchengarn verschnüren.

Öl in einem Bräter erhitzen und Fleisch darin von allen Seiten anbraten. Fleischfond zugießen und aufkochen. Zugedeckt bei schwacher Hitze ca. 1 ½ Stunden garen. Gelegentlich umrühren. Das Fleisch etwa nach der Hälfte der Garzeit wenden. Bei Bedarf etwas Wasser nachgießen.

Die Soße anschließend mit Calvados oder Apfelsaft abschmecken. Dazu passen Salzkartoffeln oder Kartoffelpüree mit Lauchgemüse.

Kasseler im Brotmantel

Zutaten (für 4 Portionen)

1 Packung Brotbackmischung (Bauern- oder Krustenbrot)
600 g Kasseler Schweinenacken
3 EL Öl
½ Bund Petersilie
250 ml Fleischfond
dunkler Soßenbinder
½ TL Kümmel
1 TL getrockneter Majoran
1 TL getrockneter Thymian
Salz
frisch gemahlener Pfeffer

Zubereitung

Brotbackmischung nach Packungsanweisung anrühren und gehen lassen.

Kasseler unter fließendem Wasser waschen und trocken tupfen. Öl in einer Pfanne erhitzen und Fleisch von allen Seiten goldbraun anbraten. Danach das Fleisch abkühlen lassen.

Petersilie waschen, trocken schütteln, Blättchen von den Stängeln zupfen und fein hacken. Kasseler darin wenden.

Brotteig durchkneten und ca. 2 Zentimeter dick ausrollen. Kasseler im Teig einwickeln und mit der überlappenden Seite nach unten auf ein mit Backpapier ausgelegtes Blech legen. Brotteig erneut gehen lassen und anschließend nach Packungsanweisung backen.

Fleischfond in die Pfanne gießen und aufkochen. Mit Soßenbinder binden. Mit Kümmel, Majoran, Thymian, Salz und Pfeffer abschmecken. Dazu passen Kartoffelsalat und Sahnemeerrettich.

Tipp Brot kurz vor dem Backen mit etwas Wasser bestreichen und mit Haferflocken oder grobem Meersalz bestreuen.

Bratwurst auf Bohnengemüsebett

Zutaten (für 4 Portionen)

2 Zwiebeln
2 Äpfel
200 g Stangensellerie
1 Dose rote Bohnen (Abtropfgewicht 400 g)
1 Dose weiße Bohnen (Abtropfgewicht 850 g)
4 EL Öl
200 ml Rinderfond
1 Bund Majoran
Salz
frisch gemahlener Pfeffer
4–8 Bratwürste

Zubereitung

Zwiebeln schälen und fein würfeln. Äpfel waschen, vierteln, vom Kerngehäuse befreien und in Spalten schneiden. Sellerie waschen und in Scheiben schneiden. Bohnen über einem Sieb gut abtropfen lassen.

2 Esslöffel Öl in einem Topf erhitzen, Zwiebelwürfel, Apfelspalten und Selleriestücke darin andünsten. Bohnen zufügen, mit Fond ablöschen und Gemüse ca. 10 Minuten schmoren.

Majoran waschen, trocken schütteln, Blättchen von den Stängeln zupfen und unterheben. Gemüse mit Salz und Pfeffer abschmecken.

Öl in einer Pfanne erhitzen und Bratwürste bei mittlerer Hitze von allen Seiten goldbraun braten. Das Gemüse mit den Bratwürsten auf einer Platte anrichten und deftiges Brot dazu reichen.

Hack-Kohlrouladen im Speckmantel

Zutaten (für 4 Portionen)

1 Brötchen vom Vortag
1 kg Weißkohl
Salz
1 Zwiebel
400 g gemischtes Hackfleisch
1 Ei
frisch gemahlener Pfeffer
4 Scheiben Frühstücksspeck
30 g Butterschmalz
500 ml Gemüsebrühe
1 EL Mehl
½ Bund Petersilie

Zubereitung

Brötchen in kaltem Wasser einweichen. Äußere Blätter vom Weißkohl entfernen und Strunk keilförmig herausschneiden. In einem großen Topf reichlich Salzwasser zum Kochen bringen, Kohl kurz hineingeben.

Kohl herausnehmen und 8 äußere Blätter ablösen, abtropfen lassen. Kohlrippe flach abschneiden. Restlichen Kohl klein schneiden.

Zwiebel schälen und in Würfel schneiden. Brötchen ausdrücken. Hackfleisch, Ei, Zwiebeln und Brötchen verkneten. Mit Salz und Pfeffer würzen.

Je 2 Kohlblätter übereinander legen. Hackfleisch auf die Kohlblätter verteilen. Kohlränder darüber schlagen und aufrollen. Mit je 1 Scheibe Speck umwickeln und mit Küchengarn festbinden.

Butterschmalz in einem Bräter erhitzen und Kohlrouladen darin kräftig anbraten. Restlichen Kohl zufügen und kurz mit anbraten. Mit Brühe ablöschen und aufkochen. Alles bei mittlerer Hitze ca. 45 Minuten garen.

Kohlrouladen herausnehmen. Mehl in wenig kaltem Wasser glatt rühren und die Soße damit binden. Rouladen wieder in die Soße geben.

Petersilie waschen, trocken schütteln, Blättchen von den Stängeln zupfen, fein hacken und über die Kohlrouladen streuen. Dazu schmecken Salzkartoffeln.

Hackfleischsteaks mit Zwiebeln

Zutaten (für 4 Portionen)

½ Bund Petersilie
1 EL Pfefferkörner
400 g Hackfleisch
1 Ei
2 EL Paniermehl
Salz
weißer Pfeffer
1 Bund Frühlingszwiebeln
250 g Zwiebeln
2 EL Öl
250 ml Fleischfond
3 EL Balsamico-Essig
2–3 EL dunkler Soßenbinder
1–2 Tomaten

Zubereitung

Petersilie waschen, trocken schütteln, Blättchen von den Stängeln zupfen und fein hacken. Pfefferkörner im Mörser fein zerstoßen. Hackfleisch mit Ei, Paniermehl, Salz, Petersilie und zerstoßenen Pfefferkörnern vermischen. Aus dem Teig 4 Hackfleischsteaks formen.

Frühlingszwiebeln waschen und schneiden. Zwiebeln schälen, halbieren und in Spalten schneiden. Öl in einer Pfanne erhitzen und Hackfleischsteaks darin von beiden Seiten goldbraun anbraten. Herausnehmen und warm stellen.

Frühlingszwiebeln und Zwiebeln zum Bratenfett geben und bei schwacher Hitze ca. 8 Minuten dünsten. Fleischfond und Essig zugießen, aufkochen und die Soße mit Soßenbinder binden. Mit Salz und Pfeffer abschmecken.

Tomaten waschen, vom Stielansatz befreien, würfeln und über die Hackfleischsteaks streuen. Dazu passt Kartoffelpüree.

Hackfleischstrudel im Blätterteig

Zutaten (für 4 Portionen)

125 g Mehl
1 EL Öl
2 Eigelb
Salz

1 milde rote Peperoni
½ Zwiebel
1 EL gehackte Kräuter (z. B. Petersilie, Schnittlauch)

250 g gemischtes Hackfleisch
frisch gemahlener Pfeffer
100 g Frischkäse mit Paprika
Paniermehl

Zubereitung

Mehl, Öl, 1 Eigelb und eine Prise Salz mit 125 Milliliter Wasser so lange verkneten, bis der Teig weich und elastisch ist. Zugedeckt ca. 1 Stunde ruhen lassen.

Peperoni waschen, halbieren, putzen und fein hacken. Zwiebel schälen und in kleine Würfel schneiden. Peperoni, Zwiebel, Kräuter und Hackfleisch mischen. Mit Salz und Pfeffer würzen und Frischkäse zufügen. Alles gut verkneten und zwischen Klarsichtfolie ausrollen (ca. 3–4 Millimeter dick). Backofen auf 225 °C (Umluft: 205 °C) vorheizen.

Strudelteig auf einem leicht bemehlten Küchentuch hauchdünn zu einer Platte ausrollen, die etwas größer als die Füllung ist. Mit Paniermehl bestreuen. Füllung darauf geben. Die Teigränder über die Füllung schlagen und den Strudel mithilfe des Küchentuches aufrollen.

Strudel auf ein mit Backpapier ausgelegtes Blech geben, mit verschlagenem Eigelb bestreichen und im vorgeheizten Backofen ca. 45 Minuten backen. Dazu passt eine Tomatensoße.

Klosterwissen

Hackfleisch verdirbt sehr schnell, weshalb es in der Vorratskammer eines mittelalterlichen Klosters wohl nicht allzu lange in dieser Form zu finden war. Die nach einem strengen System geplante und geordnete Vorratshaltung, die vom Cellerar oder von der Cellerarin eines Klosters überwacht wurde, war für viele hilfesuchende Arme und Pilger oft die letzte Überlebensmöglichkeit und wurde auch bei Hungersnöten zu einem zentralen sozialen Faktor.

Herzhafte Pfannkuchen

Zutaten (für 4 Portionen)

1 Zwiebel
2 Zucchini
2 gelbe Paprikaschoten
3 Tomaten
2 EL Olivenöl
300 g Rinderhackfleisch
2 EL Tomatenmark
Salz
frisch gemahlener Pfeffer
½ TL getrockneter Oregano
4 Eier
125 ml Milch
150 g Mehl
Butterschmalz
Fett für die Form
1 Packung Sauce hollandaise (250 ml)
1 Stängel Rosmarin

Zubereitung

Zwiebel schälen und fein hacken. Zucchini, Paprikaschoten und 2 Tomaten putzen, waschen und in feine Würfel schneiden.

Öl in einer Pfanne erhitzen. Zwiebelwürfel und Hackfleisch darin anbraten. Das klein geschnittene Gemüse zugeben und ca. 7 Minuten schmoren, dabei hin und wieder wenden. Mit Tomatenmark, Salz, Pfeffer und Oregano abschmecken.

Eier mit Milch und ½ Teelöffel Salz verschlagen. Gesiebtes Mehl zugeben und alles zu einem dünnflüssigen Teig verrühren. Ca. 20 Minuten ruhen lassen. Butterschmalz in einer kleinen Pfanne erhitzen und nacheinander 8 dünne Pfannkuchen ausbacken. Backofen auf 200 °C (Umluft: 180 °C) vorheizen.

Auf jeden Pfannkuchen etwas von der Hackfleisch-Gemüsemischung geben und die Pfannkuchen zusammenrollen. Eine große flache Auflaufform fetten und die Pfannkuchen nebeneinander hineinlegen. Sauce hollandaise darüber gießen. Tomate waschen, halbieren, vom Stielansatz befreien und in Scheiben schneiden. Rosmarin waschen, trocken schütteln und Nadeln vom Stängel zupfen. Tomatenscheiben fächerartig auf die Pfannkuchen legen, Rosmarin darüber streuen. Pfannkuchen im vorgeheizten Backofen ca. 15–20 Minuten überbacken.

Kloster Andechs

Durch die lange Tradition der Wallfahrt hat das Kloster Andechs auch eine lange Tradition der Gastlichkeit, die heute noch im Klostergasthof genossen werden kann – mit Produkten aus der Klostermetzgerei und dem Klosterbier. Die Klosterbrauerei Andechs ist die größte von deutschlandweit sechs Klosterbrauereien, die von einer existierenden Ordensgemeinschaft geführt werden, und ist gänzlich im Besitz der Benediktinermönche von Sankt Bonifaz in München und Andechs.

Schweinshaxe in Dunkelbiersoße

Zutaten (für 2–3 Portionen)

2 hintere Schweinshaxen
1 Knoblauchzehe
½ TL gemahlener Kümmel
Salz
frisch gemahlener Pfeffer
1–2 EL Öl
500 ml Fleischfond oder Wasser
500 ml dunkles Bier

Zubereitung

Schweinshaxen kurz waschen und trocken tupfen. Den Backofen auf 200 °C (Umluft: 180 °C) vorheizen.

Knoblauch schälen, durch die Presse drücken und das Fleisch damit einreiben. Mit etwas Kümmel bestreuen, salzen und pfeffern. Die Haxen in einen großen Bräter setzen und mit dem Öl bestreichen. Mit 250 Milliliter Fond oder Wasser auffüllen.

Bräter in den Ofen schieben und ca. 10 Minuten braten. Dann Hitze auf 175 °C (Umluft: 155 °C) reduzieren und das Fleisch ca. 2 Stunden garen. Das Fleisch ist gar, wenn es sich leicht von den Knochen lösen lässt.

Während des Bratens das Fleisch immer wieder mit etwas Fond oder Wasser und dunklem Bier übergießen.

Gares Fleisch aus dem Bräter nehmen und einige Minuten warm stellen. Die Flüssigkeit aus dem Bräter auf dem Herd etwas einkochen lassen und eventuell noch einmal mit Salz, Pfeffer, Kümmel und Bier abschmecken.

Fleisch von den Knochen lösen und in Stücke teilen. Mit der Dunkelbiersoße servieren. Dazu passen Semmelknödel, Kartoffelknödel oder Kartoffelsalat.

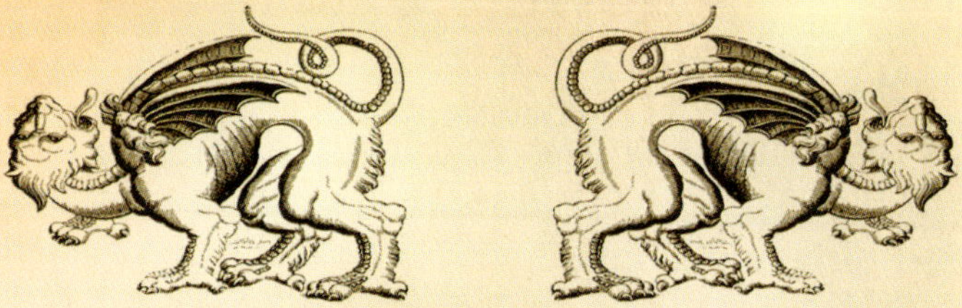

Lammgulasch

Zutaten (für 5 Portionen)

1 rote Paprikaschote
250 g Zwiebeln
6 EL Öl
1 kg Lammgulasch
2 EL Paprikapulver
100 g Tomatenmark
etwas Zucker
700 ml trockener Rotwein
500 ml Fleischfond
2 Knoblauchzehen
½ Bund Rosmarin
½ Bund Thymian
Salz
frisch gemahlener Pfeffer
50 g Butter
50 g Mehl

Zubereitung

Paprika putzen, waschen und in Streifen schneiden. Zwiebeln schälen und in Stücke schneiden. Öl in einem Schmortopf erhitzen und die Fleischwürfel von allen Seiten anbraten. Zwiebel und Paprikapulver zugeben, kurz mitbraten. Tomatenmark, Zucker und Paprika zufügen. Mit der Hälfte des Rotweins ablöschen und einreduzieren lassen. Dann zweite Hälfte des Weins zufügen und wieder einreduzieren lassen.

Mit Fond auffüllen und ca. 1–1 ½ Stunden bei kleiner Temperatur schmoren lassen. Knoblauch schälen und klein hacken. Kräuter waschen, trocken schütteln und klein schneiden. Während der letzten halben Stunde der Garzeit Kräuter und Knoblauch zufügen. Mit Salz und Pfeffer abschmecken. Butter und Mehl verkneten und das Gulasch damit binden, bis es die gewünschte Konsistenz hat.

Gulasch auf einer vorgewärmten Platte oder im Schmortopf anrichten. Dazu passen Kartoffeln oder ein kräftiges Bauernbrot.

Lammrücken im Kräutermantel

Zutaten (für 4 Portionen)

4 Scheiben Toastbrot
2 Knoblauchzehen
8 EL Olivenöl
grob geschroteter Pfeffer
5 TL Kräuter der Provence

600 g ausgelöster Lammrücken
Salz
frisch gemahlener Pfeffer
1 Zwiebel
1 Stängel Rosmarin

2 EL Öl
150 ml Roséwein
350 ml Fleischfond
1 EL Crème fraîche
2 EL heller Soßenbinder

Zubereitung

Toastbrot entrinden und in grobe Würfel schneiden. Knoblauch schälen und eine Zehe fein hacken. Toastbrot, gehackten Knoblauch, Olivenöl, Pfeffer und Kräuter der Provence vermischen. Backofen auf 200 °C (Umluft: 180 °C) vorheizen.

Lammrücken unter fließendem Wasser waschen, trocken tupfen, mit Salz und Pfeffer würzen. Zwiebel schälen und achteln. Rosmarin waschen, trocken schütteln und Nadeln vom Stängel zupfen. Öl in einem Topf erhitzen, Fleisch, Zwiebel, ganzen Knoblauch und Rosmarin darin anbraten.

Fleisch in eine Auflaufform legen und Kräutermasse darüber streichen. Lammrücken im Backofen ca. 15 Minuten überbacken.

Bratensatz in der Pfanne mit Wein und Fleischfond ablöschen, kurz aufkochen und durch ein Sieb passieren. Crème fraîche unterheben und erneut aufkochen. Soßenbinder unter Rühren einstreuen und ca. 1 Minute kochen lassen. Soße mit Salz und Pfeffer abschmecken und zum Lammrücken reichen. Dazu passen grüne Bohnen und Kartoffelgratin.

Lammkoteletts mit Kohlgemüse

Zutaten (für 4 Portionen)

8 Lammkoteletts (à 100 g)
Salz
frisch gemahlener Pfeffer
2 EL Öl
800 g Spitzkohl oder Weißkohl
Majoran
50 g Speckwürfel
250 ml Fleischfond
150 g saure Sahne

Zubereitung

Lammkoteletts unter fließendem Wasser waschen und trocken tupfen. Mit Salz und Pfeffer würzen. Öl in einer Pfanne erhitzen und Fleisch bei starker Hitze von jeder Seite kurz anbraten. Herausnehmen und in Alufolie wickeln. Beiseite stellen.

Kohl waschen, putzen, halbieren und vom Strunk befreien. In Streifen schneiden. In der Pfanne mit dem verbliebenen Fett anbraten. Spitzkohl herausnehmen, in eine Auflaufform geben und mit Salz, Pfeffer und Majoran würzen. Backofen auf 200 °C (Umluft: 180 °C) vorheizen.

Speck in der Pfanne anbraten, Fleischfond zugießen und aufkochen. Saure Sahne unterrühren, mit Salz und Pfeffer abschmecken und gleichmäßig über den Kohl geben.

Kohl im vorgeheizten Backofen ca. 25 Minuten garen.

Lammkoteletts auf den Kohl legen, ca. 5 Minuten weitergaren und herausnehmen. Dazu passen Salzkartoffeln.

Geschmortes Kaninchen

Zutaten (für 6 Portionen)

1 Kaninchen (1,5–2 kg, vom Metzger in 8 Stücke zerlegt)
4 EL Mehl
100 g durchwachsener Räucherspeck
50 g Butter
400 g Zwiebeln
2 Knoblauchzehen
1 Bund Lauchzwiebeln
1 l Rotwein
3 Scheiben Roggen-Vollkornbrot
2–3 Lorbeerblätter
4 Gewürznelken
Salz
frisch gemahlener Pfeffer

Zubereitung

Kaninchenstücke unter fließendem Wasser waschen, trocken tupfen und in Mehl wenden. Speckwürfel in einem Bräter auslassen. Kaninchen zugeben und im Speckfett anbraten. Butter zugeben.

Zwiebeln schälen und vierteln. Knoblauch schälen und zerdrücken. Lauchzwiebeln putzen, waschen und in grobe Ringe schneiden. Zwiebeln, Knoblauch und Lauchzwiebeln zugeben. Mit Rotwein auffüllen und aufkochen. Backofen auf 200 °C (Umluft: 180 °C) vorheizen.

Brot fein reiben oder in der Küchenmaschine fein hacken. Brot, Lorbeerblätter und Nelken zugeben. Mit Salz und Pfeffer würzen und nochmals aufkochen.

Bräter verschließen und im vorgeheizten Backofen ca. 1–1 ½ Stunden schmoren. Dazu schmeckt knuspriges Stangenweißbrot.

„Jakob sagte: Ich bin Esau,
dein erstgeborener Sohn.
Ich habe getan, was du mir befohlen hast.
Setz dich hin und iss von meinem
Wildbret und segne mich dann.“

(1. Mose 27,19)

Geflügel- und Wildgerichte

Herbstliches Hirschragout

Zutaten (für 4 Portionen)

500 g Hirschfleisch aus der Schulter (ohne Knochen)
2 EL Öl
1 EL Tomatenmark
Salz
weißer Pfeffer
50 ml halbtrockener Rotwein, Portwein oder roter Traubensaft
abgeriebene Schale von ½ unbehandelten Zitrone
2 Pimentkörner
1 TL Wacholderbeeren
250 g Weintrauben
3 EL dunkler Soßenbinder
2 EL Crème fraîche oder saure Sahne

Zubereitung

Fleisch unter fließendem Wasser waschen, trocken tupfen und würfeln. Öl in einem Topf erhitzen und Fleisch darin anbraten.

Tomatenmark in den Topf geben und kurz mit anrösten. Mit Salz und Pfeffer würzen und mit 500 Milliliter Wasser und Wein oder Traubensaft ablöschen. Zitronenschale, Pimentkörner und Wacholderbeeren hineingeben. Bei schwacher Hitze ca. 1–1 ½ Stunden zugedeckt schmoren.

Weintrauben verlesen, waschen und entkernen, erst kurz vor Ende der Garzeit zugeben.

Soße aufkochen, Soßenbinder unter Rühren einstreuen und 1–2 Minuten kochen lassen. Mit Crème fraîche oder saurer Sahne verfeinern.

Klosterwissen

Neben den Adeligen hatten auch die Kleriker im Mittelalter das Jagdrecht als besonderes Privileg inne. Ob einem Kloster allerdings die Jagd auf Hoch- bzw. Rotwild erlaubt war, war im Laufe der Zeit vielen Veränderungen unterworfen und vor allem auch von der Gunst der Fürsten und Markgrafen abhängig, auf deren Land sich das jeweilige Kloster befand. Hirschfleisch gehört deshalb zu den Nahrungsmitteln, die auch im Kloster nur an besonderen Feiertagen auf dem Speiseplan standen.

Rehkeule mit Pilzsoße

Zutaten (für 6–8 Portionen)

1 Rehkeule (ca. 2 kg)
Salz
frisch gemahlener Pfeffer
10 Wacholderbeeren
10 EL Öl
1 EL Instant-Bratensaft
600 g Pfifferlinge
1 Zwiebel
5–6 EL dunkler Soßenbinder
150 g saure Sahne
2 EL Rotwein
2–3 TL Preiselbeeren

Zubereitung

Backofen auf 225 °C (Umluft: 205 °C) vorheizen. Rehkeule unter fließendem Wasser waschen, trocken tupfen und mit Salz, Pfeffer und zerdrückten Wacholderbeeren einreiben. Im Bräter 8 Esslöffel Öl erhitzen und Fleisch von allen Seiten braun anbraten.

Fleisch im vorgeheizten Backofen ca. 1 ½ Stunden garen, evtl. zwischendurch etwas Wasser zugießen. Fleisch ab und zu wenden oder mit Bratensaft übergießen. Pfifferlinge putzen, je nach Größe in grobe Stücke schneiden oder ganz lassen. Zwiebel fein würfeln. Das restliche Öl in einer Pfanne erhitzen, Pfifferlinge darin kurz knackig anbraten. Die Pilze aus der Pfanne nehmen und beiseite stellen. Zwiebel in der Pfanne anbraten, herausnehmen und beiseite stellen.

Fleisch aus dem Bräter nehmen und warm stellen. Bratensatz mit etwas Wasser lösen, auf ca. 500 Milliliter Flüssigkeit auffüllen und aufkochen. Instant-Bratensaft einstreuen, unter Rühren darin auflösen und die Pfifferlinge und Zwiebel zugeben. Soßenbinder unter Rühren in die kochende Flüssigkeit einstreuen und ca. 1 Minute kochen. Saure Sahne unterrühren und mit Wein und Preiselbeeren abschmecken. Rehkeule vom Knochen lösen und in Scheiben schneiden. Mit der Soße anrichten. Dazu schmecken Semmelknödel und Speck-Rosenkohl.

Deftiges Wildgulasch

Zutaten (für 4 Portionen)

500 g Reh- oder Hirschkeule
1 Zwiebel
6 EL Traubensaft
Saft von einer Zitrone
125 ml trockener Rotwein
½ TL getrockneter Rosmarin
1 TL Wacholderbeeren
2–3 Lorbeerblätter
50 g durchwachsener Speck
1–2 EL Öl
Salz
weißer Pfeffer
250 g Pilze (z. B. Austernpilze, Champignons, Steinpilze)
1 EL Butterschmalz
3 EL dunkler Soßenbinder

Zubereitung

Fleisch unter fließendem Wasser waschen, trocken tupfen und in grobe Würfel schneiden. Zwiebel schälen und in feine Würfel schneiden. Wacholderbeeren im Mörser zerdrücken. Trauben- und Zitronensaft, Wein, Rosmarin, Wacholderbeeren, Lorbeerblätter und Zwiebelwürfel verrühren. Über das Fleisch gießen und über Nacht marinieren.

Speck würfeln. Fleisch herausnehmen und trocken tupfen. Öl in einem Topf erhitzen, Speck und Fleisch darin braun anbraten. Mit Salz und Pfeffer würzen.

Mit 250 Millilitern Wasser und der Marinade ablöschen. Bei schwacher Hitze zugedeckt ca. 1–1 ½ Stunden schmoren.

Pilze putzen und je nach Größe halbieren oder vierteln. Butterschmalz in einem Topf erhitzen und Pilze darin anschwitzen. Kurz vor Ende der Garzeit zum Gulasch geben.

Die Soße aufkochen, Soßenbinder unter Rühren einstreuen und ca. 1 Minute kochen. Dazu passen Semmelknödel.

Gebratener Rehrücken

Zutaten (für 6–8 Portionen)

1 Rehrücken (ca. 2 kg)
60–70 g weißer Speck
Salz
frisch gemahlener Pfeffer
8–10 Wacholderbeeren

40 ml Öl
1 Zwiebel
1 Möhre
2 Lorbeerblätter
500 ml Fleisch- oder Gemüsebrühe

150 g saure Sahne
1 EL Preiselbeermarmelade
100 g Sahne
2 TL Speisestärke

Zubereitung

Backofen auf 220 °C (Umluft: 200 °C) vorheizen. Fleisch waschen, trocken tupfen, von Häuten und Sehnen befreien. Speck in Stifte schneiden. Rehrücken mit dem Speck spicken, indem man mit einem Messerchen Ritze in das Fleisch sticht und den Speck hineindrückt. Salz, Pfeffer und 3–4 zerstoßene Wacholderbeeren mischen und Fleisch damit einreiben.

Öl in einen Bräter geben, Rehrücken hinein setzen und im vorgeheizten Backofen ca. 1 ½ Stunden garen.

Zwiebel und Möhre schälen, Zwiebel in Ringe, Möhre in Scheiben schneiden. Mit den restlichen Wacholderbeeren und Lorbeerblättern in die Brühe geben und aufkochen lassen. Bei geringer Hitze leise köcheln lassen.

Nach ca. 25 Minuten den Rehrücken mit der sauren Sahne dick bestreichen. Einen Teil der heißen Brühe seitlich durch ein Sieb angießen. Rehrücken weitere ca. 40–60 Minuten garen. Dabei gelegentlich restliche Brühe zufügen.

Rehrücken aus dem Ofen nehmen, warm stellen. Brühe auf dem Herd etwas einkochen lassen, Preiselbeermarmelade und Sahne hineinrühren. Speisestärke mit etwas kaltem Wasser verrühren und zugeben. Die Soße ca. 5 Minuten weiter kochen lassen, mit Salz und Pfeffer abschmecken. Fleisch vom Knochen lösen und in Stücke teilen. Mit der Soße servieren. Dazu passen Spätzle, Nudeln und Rotkohl.

Hirschsteaks mit Heidelbeersoße

Zutaten (für 4 Portionen)

1 Knoblauchzehe
4 Wacholderbeeren
1 TL scharfer Senf
Salz
frisch gemahlener Pfeffer
2 EL Öl
100 ml Rotwein
4 Hirschsteaks (à 150 g)
2 Schalotten
150 g Heidelbeeren
2 EL Butterschmalz
1 Prise Zucker
2 EL Butter

Zubereitung

Knoblauch schälen und fein würfeln. Wacholderbeeren mit einem breiten Messerrücken zerdrücken. Zusammen mit Senf, Salz, Pfeffer, Öl und Rotwein mit einem Schneebesen glatt rühren. Steaks in die Marinade legen, abdecken und ca. 2–3 Stunden kalt stellen.

Schalotten schälen und in feine Würfel schneiden. Heidelbeeren waschen und abtropfen lassen. Die Steaks herausnehmen und mit Küchenkrepp gut abtrocknen. Die Marinade über einem Sieb abgießen.

In einer breiten Pfanne Butterschmalz erhitzen und die Steaks von beiden Seiten ca. 3–4 Minuten braten. Herausnehmen und mit Alufolie abgedeckt warm stellen.

Im Bratensatz die Schalottenwürfel anschwitzen. Marinade aufgießen und etwas einkochen lassen. Soße mit Zucker, Salz und Pfeffer würzen. Kalte Butter mit einem Schneebesen in die Soße rühren und Heidelbeeren kurz darin erhitzen, aber nicht mehr kochen.

Zum Servieren die Steaks auf Teller legen und die Soße darüber verteilen. Dazu passen grüne Bohnen, Herzoginkartoffeln oder ein Kartoffelgratin.

Hirschbraten in Petersilien-Basilikum-Marinade

Zutaten (für 4 Portionen)

1 kg Hirschkeule (ausgelöst)
Salz
frisch gemahlener Pfeffer
2–3 Wacholderbeeren
½ Bund Basilikum
½ Bund Petersilie
50–70 ml Olivenöl
2 Knoblauchzehen
200 g geräucherter Speck
2 Zwiebeln
125 ml Rotwein
2 EL Preiselbeermarmelade

Zubereitung

Fleisch waschen, trocken tupfen, salzen und pfeffern. Wacholderbeeren im Mörser grob zerstoßen. Basilikum und Petersilie waschen, trocken schütteln, Blättchen von den Stängeln zupfen und fein hacken. Kräuter, Wacholderbeeren und Öl in einer Schüssel mischen. Knoblauch schälen, durch die Presse drücken und unter das Öl rühren. Hirschkeule in die Marinade geben und mehrmals darin wenden. Zugedeckt ca. 12–24 Stunden an einem kühlen Ort marinieren, dabei gelegentlich wenden.

Backofen auf 240 °C (Umluft: 220 °C) vorheizen. Speck ohne Schwarte würfeln, Zwiebeln schälen und fein hacken. Hirschkeule aus der Marinade nehmen und mit Küchenkrepp abtupfen. Im vorgeheizten Backofen ca. 10–15 Minuten braten. Speck und Zwiebeln zufügen und weitere ca. 10 Minuten braten lassen. Hitze auf 175 °C (Umluft: 155 °C) reduzieren und etwas Rotwein angießen. Nach und nach restlichen Rotwein und 300 Milliliter kochendes Wasser angießen. Braten ca. 1 ½ Stunden im Ofen garen, dabei mehrmals mit Soße begießen.

Fleisch aus der Soße nehmen, einige Minuten ruhen lassen und in ca. 1 Zentimeter dicke Scheiben schneiden. Soße in einen Topf geben, mit Preiselbeermarmelade, Salz und Pfeffer abschmecken und etwas einkochen lassen. Zum Fleisch servieren. Dazu passen Graupen, Salzkartoffeln, Spätzle oder Reis und Rotkohl.

Tipp Auch eine Rehkeule lässt sich auf diese Weise zubereiten.

Birnen-Rehrücken

Zutaten (für 6 Portionen)

1 Rehrücken (ca. 1,5 kg)
Salz, frisch gemahlener Pfeffer
2 Möhren
200 g Knollensellerie
1 Petersilienwurzel
2 Zwiebeln, 2 Knoblauchzehen
6 Gewürznelken, 6 Wacholderbeeren
1 Lorbeerblatt, 1 Stängel Thymian

1 Stängel Majoran
1 Stängel Rosmarin
10 Pfefferkörner
40 ml Rotweinessig, 1 l Rotwein
200 g geräucherter Speck
40 g Butter, 1 Prise Zucker
1 EL Tomatenmark
1 Schuss Weinbrand

125 g Sahne
etwas Zitronensaft
500 g Birnen
40 ml Weißwein
abgeriebene Schale von
1 unbehandelten Zitrone
1 halbe Zimtstange
1 Glas Johannisbeergelee

Zubereitung

Rehrücken waschen, trocken tupfen, häuten, salzen und pfeffern. Möhren, Sellerie, Petersilienwurzel und Zwiebeln schälen und in Würfel schneiden. Gewürze, Kräuter und Rehrücken in eine Schüssel geben, mit Essig und Rotwein übergießen und abgedeckt ca. 2 Tage marinieren lassen. Zwischendurch immer wieder begießen.

Rehrücken aus der Marinade nehmen und abtrocknen. Marinade über einem Sieb abgießen. Speck in schmale Streifen schneiden und Rehrücken damit spicken. Salzen und pfeffern. Backofen auf 220 °C (Umluft: 200 °C) vorheizen. Butter im Bräter erhitzen und Fleisch von allen Seiten anbraten. Gemüse, Gewürze und Kräuter aus der Marinade zugeben und einige Minuten mitbraten. Mit Zucker bestreuen und karamellisieren lassen, Tomatenmark einrühren und mit Weinbrand ablöschen. Bräter in den vorgeheizten Backofen schieben und unter gelegentlichem Wenden ca. 45 Minuten braten. Zwischendurch immer wieder mit der Schmorflüssigkeit begießen. Rehrücken herausnehmen und warm stellen. Schmorflüssigkeit über einem Sieb abgießen und in einem Topf nochmals erhitzen. Mit Sahne verfeinern. Mit Salz und etwas Zitronensaft abschmecken.

Birnen waschen, schälen, halbieren, Kerngehäuse entfernen, mit Zitronensaft beträufeln. Etwas Wasser mit Weißwein, Zitronenschale und Zimtstange aufkochen und die Birnen in ca. 15 Minuten weich kochen. Vorsichtig aus dem Topf nehmen, abtropfen lassen. In das ausgehöhlte Kerngehäuse Johannisbeergelee füllen. Rehrücken in Scheiben schneiden, auf einer Servierplatte anrichten und rundherum mit Birnenhälften belegen. Soße dazu reichen. Dazu passt Rotkohl.

Rehfilet mit Apfelgemüse

Zutaten (für 2 Portionen)

1 Zwiebel
500 g Rehfilet
Salz
frisch gemahlener Pfeffer
70 g Butter
1 Lorbeerblatt
5 Pfefferkörner
375 ml Weißwein
600 g Äpfel
1 Prise Zucker
100 g Sahne
3 TL geriebener Meerrettich

Zubereitung

Zwiebel schälen und in kleine Würfel schneiden. Filet waschen, trocken tupfen, salzen und pfeffern. 50 Gramm Butter in einer Pfanne erhitzen und das Filet von allen Seiten anbraten. Lorbeerblatt und Pfefferkörner zugeben und 125 Milliliter Wein zugießen. Bei schwacher Hitze ca. 10–15 Minuten garen.

Äpfel waschen, schälen, vierteln, Kerngehäuse entfernen und fein würfeln. Restliche Butter in einem Topf erhitzen und Äpfel darin andünsten. Zucker zugeben und leicht karamellisieren lassen. Mit 2 Esslöffeln Wein ablöschen und in ca. 10 Minuten garen.

Filet warm stellen, Bratensatz mit restlichem Wein und Sahne aufkochen und durch ein Sieb streichen. Topf vom Herd nehmen, Meerrettich und Äpfel zugeben und vorsichtig vermengen.

Filet in Scheiben schneiden und mit dem Apfelgemüse auf Tellern anrichten.

Wildschwein mit Pilzen und Preiselbeeren

Zutaten (für 4 Portionen)

800 g Wildschwein
8 Wacholderbeeren
2 Gewürznelken
2 Lorbeerblätter
1 TL weißer Pfeffer

Salz, 2 Zwiebeln
400 g Pilze (z. B. Champignons, Egerlinge, Steinpilze, Pfifferlinge)
3 EL Öl

300 ml Rotwein
300 ml Wild- oder Geflügelfond
300 g frische Preiselbeeren
2 EL Zucker
150 g Sahne

Zubereitung

Fleisch in mundgerechte Stücke schneiden, dabei Häutchen und Sehnen entfernen. Wacholderbeeren im Mörser zerstoßen. Nelken mit einem Faden an die Lorbeerblätter binden. Fleisch mit Wacholderbeeren, Pfeffer und Salz würzen. Zwiebeln schälen und in feine Würfel schneiden. Pilze säubern und falls nötig halbieren.

Öl in einem breiten Topf mit schwerem Boden erhitzen und das Fleisch in kleinen Portionen nacheinander darin anbraten. Zwiebelwürfel zugeben und hellbraun anbraten. Alles Fleisch wieder in den Topf geben. Mit Rotwein ablöschen und bis zur Hälfte einreduzieren. Fond zugeben und ca. 50 Minuten zugedeckt köcheln lassen.

Preiselbeeren verlesen, waschen, mit 100 Millilitern Wasser und Zucker aufkochen. Die Lorbeerblätter mit den Nelken entfernen. Pilze zum Fleisch geben und weitere ca. 15 Minuten garen. Sahne zugeben und einige Minuten köcheln lassen. Mit Preiselbeersoße servieren. Dazu passen Spätzle, Kartoffelklöße oder Schupfnudeln.

Tipp Sollte die Soße noch zu flüssig sein, kann man sie mit etwas dunklem Soßenbinder andicken. Sollten Sie keine frischen Preiselbeeren bekommen, verwenden Sie Preiselbeeren aus dem Glas, die Sie ohne Zuckerzugabe erwärmen. Die Nelken werden an das Lorbeerblatt gebunden, um diese auf einfache Weise am Ende der Garzeit wieder aus dem Gericht zu entfernen. Eine Alternative ist die Verwendung eines Baumwollteebeutels: alle Gewürze hineingeben, mit einem Faden abbinden und den Beutel vor dem Servieren wieder entfernen.

Wildschweinragout mit Pflaumen

Zutaten (für 4 Portionen)

500 l Rotwein
125 ml Rotweinessig
2 Zwiebeln
1 Möhre
1 Stange Staudensellerie
1 Lorbeerblatt
1 Stängel Thymian
10 Pfefferkörner
2 Gewürznelken
1 TL Zucker
Salz
800 g Wildschwein
5 EL Olivenöl
frisch gemahlener Pfeffer
150 g Pflaumen (getrocknet und ohne Kern)
20 g Rosinen
20 g Orangeat
1 Stängel Rosmarin
2 EL Butter

Zubereitung

Rotwein und Essig in einem Topf aufkochen. 1 Zwiebel schälen und in Stücke schneiden. Möhre und Sellerie putzen und grob zerteilen. Mit Lorbeerblatt, Thymian, Pfefferkörnern, Gewürznelken, Zucker und Salz in einen Topf geben. Ca. 5 Minuten kräftig köcheln, dann abkühlen lassen.

Wildschweinfleisch waschen und trocken tupfen. Fleisch in ca. 3 Zentimeter große Würfel schneiden. In eine Schüssel geben und mit der kalten Marinade begießen. Über Nacht marinieren.

Fleischwürfel aus der Marinade nehmen und trocken tupfen. Marinade über einem Sieb abgießen und beiseite stellen. In einem Schmortopf Öl erhitzen und die Fleischstücke von allen Seiten anbraten. Mit etwas Marinade ablöschen, salzen und pfeffern. Die Hälfte der Marinade angießen und bei geschlossenem Topf ca. 1 ½ Stunden schmoren.

Pflaumen in restlicher Marinade einweichen. Rosinen in Wasser einweichen. Orangeat sehr fein würfeln. Pflaumen und Rosinen abtropfen lassen. Marinade auffangen. Pflaumen in feine Streifen schneiden. Zwiebel schälen und fein würfeln. Rosmarin waschen, trocken schütteln, die Nadeln vom Stängel zupfen und fein hacken.

In einer Pfanne Butter erhitzen und Zwiebel glasig dünsten. Pflaumen, Orangeat, Rosinen und Rosmarin zugeben und gründlich mischen. Salzen, pfeffern und mit aufgefangener Marinade angießen. Einige Minuten kräftig köcheln. Früchtemischung zum Wildschweinragout geben und weitere ca. 10 Minuten schmoren. Sobald das Fleisch mürbe ist, mit Salz und Pfeffer abschmecken und sehr heiß servieren.

Wachteln mit Nussfüllung

Zutaten (für 4–6 Portionen)

12 Wachteln
Salz
frisch gemahlener Pfeffer
150 g Schinken
12 frische Salbeiblätter
45 g Haselnüsse (gehackt)
12 Scheiben geräucherter Speck
5 EL Olivenöl
2 Möhren
2 Stangen Staudensellerie
1 Stange Lauch
375 ml Weißwein

Zubereitung

Wachteln waschen, trocken tupfen, innen und außen salzen und pfeffern. Schinken in kleine Würfel schneiden. Salbeiblätter waschen, trocken schütteln und fein hacken. Schinken, Salbei und Nüsse mischen und das Geflügel damit füllen. Mit Küchengarn zunähen. Eine Scheibe Speck um jede Wachtel wickeln, mit Küchengarn befestigen.

Öl in einer großen Pfanne erhitzen und Wachteln darin von allen Seiten ca. 10–15 Minuten anbraten.

Inzwischen Gemüse waschen, putzen und klein würfeln. Zu den Wachteln geben und ca. 5 Minuten dünsten. Wein angießen und zugedeckt ca. 10–15 Minuten bei schwacher Hitze köcheln lassen. Geflügel aus der Soße nehmen und auf einer vorgewärmten Platte anrichten.

Soße etwas einkochen lassen und zu den Wachteln servieren.

Klosterwissen

Nussbäume wurden in den Obstbaumgärten der Klöster, die oftmals gleichzeitig als Klosterfriedhof dienten, angebaut. Im Mittelalter und auch später noch mussten die Klöster neben Geld, Getreide oder Fisch einen Teil ihrer Abgaben in Form von Nüssen leisten. Sie galten nicht nur als gesundes Nahrungsmittel, ihr Öl wurde auch für Lampen verwendet.

Rebhühner in rotem Traubensaft

Zutaten (für 6–8 Portionen)

4 Rebhühner
Salz
frisch gemahlener Pfeffer
100 g Mehl
50 ml Olivenöl
800 ml roter Traubensaft
100 ml Rotwein

Zubereitung

Rebhühner waschen und trocken tupfen. Jedes Huhn vierteln, salzen, pfeffern und in Mehl wenden. Öl in einer großen Pfanne erhitzen und Rebhuhnteile ca. 5–10 Minuten von allen Seiten goldbraun anbraten.

In einem großen Topf Traubensaft und Wein zum Kochen bringen. Rebhuhnteile hineingeben und bei mittlerer Hitze Ca. 20–30 Minuten garen, bis das Fleisch weich ist. Dazu passt Brot oder gekochtes Getreide und Salat.

Tipp Die Garzeit kann bei Rebhühnern, je nach Alter, stark schwanken. Deshalb ist es ratsam, eine Garprobe zu machen.

Benediktinerinnenabtei Fulda

Laut einer Erzählung war es der Abt des Klosters von Fulda, der im 9. Jahrhundert eine Lösung zu dem Problem fand, dass Ordensleute in der Fastenzeit keine Hühner essen sollten. Seine Anweisung: „Rupfe es säuberlich, stürze es dann tief in einen großen Topf kochenden Wassers, bis es gar wird. Aus dieser Tiefe herauskommend, kann der Vogel wie alle anderen Schöpfungen des Meeres von geistlichen Personen gegessen werden."

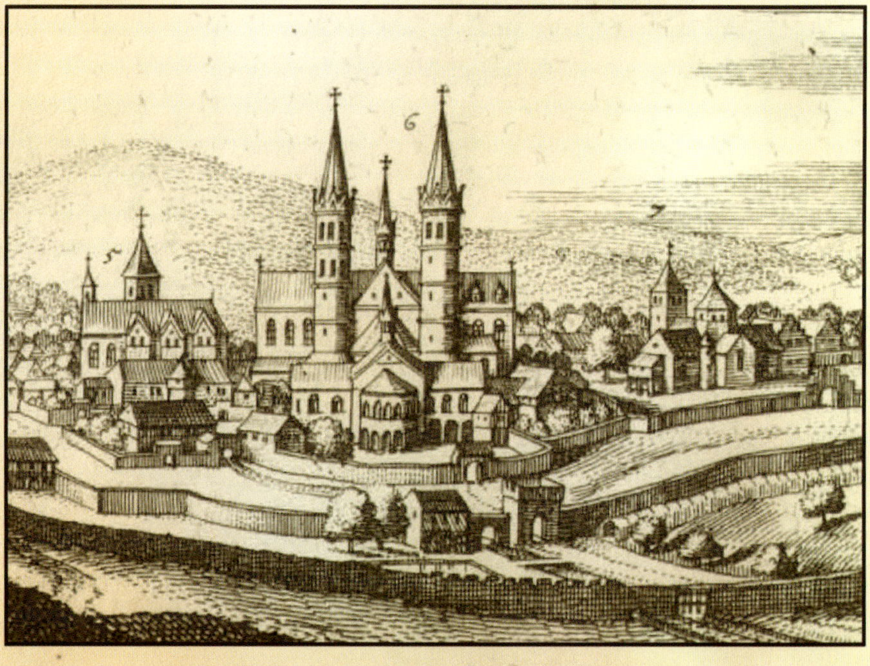

Hühnerfrikassee

Zutaten (für 4 Portionen)

1 Bund Suppengrün (z. B. Lauch, Möhren, Sellerie)
1 Hähnchen oder Poularde (ganz)
Salz
100 g Champignons
125 ml Milch
4 EL heller Soßenbinder
200 g Erbsen (TK-Produkt)
frisch gemahlener Pfeffer
etwas frisch geriebener Muskat
2 EL Weißwein
1 Eigelb
2 EL Sahne
½ Bund Kerbel oder Petersilie

Zubereitung

Suppengrün putzen und waschen. Wurzelgemüse in dicke Scheiben oder Würfel schneiden. Kräuter trocken schütteln und fein hacken. Hähnchen oder Poularde unter fließendem Wasser waschen und trocken tupfen. 1 Liter Salzwasser zum Kochen bringen, Fleisch uund Suppengrün zugeben und ca. 45 Minuten garen. Geflügel herausnehmen und häuten, Fleisch von den Knochen lösen und in kleine Stücke schneiden.

Champignons putzen und in Scheiben schneiden. 375 Milliliter Hühnerfond abmessen, in einen Topf gießen, Milch zugeben und aufkochen. Soßenbinder unter Rühren einstreuen und ca. 1 Minute kochen lassen.

Champignons und tiefgefrorene Erbsen zugeben und kurz garen. Fleisch zugeben und Soße mit Salz, Pfeffer, Muskat und Weißwein abschmecken.

Eigelb und Sahne verschlagen und unter das heiße Frikassee rühren – nicht mehr kochen lassen. Kerbel waschen, trocken schütteln, Blättchen von den Stängeln zupfen und das Frikassee damit bestreuen. Dazu passt Reis.

Gebratener Fasan mit Rotkohl

Zutaten (für 2–3 Portionen)

1 küchenfertiger junger Fasan
1 EL Zitronensaft
Salz
frisch gemahlener Pfeffer
5–6 dünne Speckscheiben

50 g Butter
250 ml Weißwein
1 Rotkohl (ca. 800 g)
2 Zwiebeln, 3 Nelken
3–4 Äpfel

3 EL Öl
1 EL Zucker
4 EL Essig
4–5 EL saure Sahne
1 TL Speisestärke

Zubereitung

Backofen auf 210 °C (Umluft: 190 °C) vorheizen. Fasan waschen, trocken tupfen, mit Zitronensaft beträufeln und innen und außen salzen und pfeffern. Die Speckscheiben um Brust und Schenkel wickeln und mit Küchengarn festbinden. Butter in einem Bräter erhitzen, Fasan darin von allen Seiten goldbraun anbraten, etwas Weißwein seitlich angießen. Dann zugedeckt, mit der Brustseite nach unten, in den vorgeheizten Ofen (mittlere Schiene) schieben und insgesamt ca. 1–1 ½ Stunden garen. Dabei immer wieder mit Bratenflüssigkeit begießen. Den Fasan nach ca. 30–40 Minuten umdrehen.

Kohl putzen, waschen, hobeln, dabei den Strunk entfernen. Zwiebeln schälen, in die eine Nelken stecken, die andere fein würfeln. Äpfel waschen, schälen, vierteln, vom Kerngehäuse befreien und in Scheiben schneiden. In einem Topf das Öl erhitzen, Zucker darin hell bräunen, Zwiebelwürfel und Äpfel zugeben und andünsten. Kohl zugeben, kurz dünsten und etwas Essig zugeben, damit das Kraut seine Farbe behält. Salzen und 250 Milliliter Wasser angießen. Gespickte Zwiebel zugeben und in ca. 1 Stunde bei mittlerer Hitze gar dünsten. Bei Bedarf noch etwas Wasser zugeben.

Ca. 15–20 Minuten vor Ende der Garzeit die Brattemperatur auf Oberhitze stellen, die Speckscheiben entfernen und den Fasan mit der Brust nach oben im offenen Bräter fertig garen.

Fasan aus dem Ofen nehmen, vierteln und auf einer vorgewärmten Platte anrichten. Soße auf den Herd stellen, restlichen Weißwein und saure Sahne zufügen und zum Kochen bringen. Speisestärke mit 2–3 Esslöffeln kaltem Wasser anrühren und zur Soße geben, ca. 4–5 Minuten köcheln lassen und mit Salz und Pfeffer abschmecken. Fasan mit der Soße und dem Rotkohl servieren. Dazu passt Kartoffelpüree.

Hähnchen mit Pilz-Kräuter-Füllung

Zutaten (für 4 Portionen)

1 altbackenes Brötchen
1 Hähnchen
2 EL Zitronensaft
Salz
frisch gemahlener Pfeffer
300 g gemischte Pilze (z. B. Champignons, Pfifferlinge, Steinpilze)
1 Zwiebel
½ Bund Petersilie
½ Bund Schnittlauch
1 EL Öl
100 g saure Sahne

Zubereitung

Brötchen in kaltem Wasser einweichen, ausdrücken und beiseite legen.

Hähnchen unter fließendem Wasser waschen, trocken tupfen und mit Zitronensaft einreiben. Mit Salz und Pfeffer würzen. Pilze putzen und in feine Streifen schneiden. Zwiebel schälen und fein würfeln. Petersilie waschen, trocken schütteln, Blättchen von den Stängeln zupfen und hacken. Schnittlauch waschen, trocken schütteln und klein schneiden.

Öl in einer großen Pfanne erhitzen. Pilze und Zwiebeln zugeben und bei mittlerer Hitze braten, bis die Flüssigkeit verdampft ist. Pilz-Zwiebel-Mischung, Brötchen, Petersilie, Schnittlauch und saure Sahne in einer Schüssel mischen. Mit Salz und Pfeffer abschmecken. Backofen auf 200 °C (Umluft: 180 °C) vorheizen.

Pilz-Kräuter-Füllung mit einem Esslöffel in das Hähnchen füllen und die Öffnung mit einem Zahnstocher gut verschließen. Hähnchen auf einen Backofenrost mit Fettpfanne legen und im vorgeheizten Backofen ca. 1 ½ Stunden backen.

Hähnchen zerteilen und mit der Füllung zusammen servieren. Dazu passt ein kräftiger Blattsalat.

Panierte Hühnerbrüstchen mit Bärlauchfüllung

Zutaten (für 3–4 Portionen)

200 g Bärlauchblätter
4 Hühnerbrüstchen
Salz
frisch gemahlener Pfeffer

125 g Mozzarella
4 EL Mehl
1 Ei
40–50 g Paniermehl

2–3 EL Butter
2–3 EL Öl

Zubereitung

Bärlauch waschen, tropfnass in einen Topf geben, noch etwas Wasser angießen, zum Kochen bringen und ca. 2–3 Minuten blanchieren. Bärlauch über einem Sieb abgießen und etwas abkühlen lassen. In feine Streifen schneiden.

Fleisch kurz abwaschen, trocken tupfen. Mit einem scharfen Messer in jede Hühnerbrust eine Tasche einschneiden. Innen und außen salzen und pfeffern.

Mozzarella zuerst in dünne Scheiben, dann in Streifen schneiden und mit dem Bärlauch mischen. In die Hühnertaschen füllen und diese mit Küchengarn zunähen oder mit Zahnstochern feststecken.

Mehl, verschlagenes Ei und Paniermehl auf 3 Teller geben. Schnitzel zuerst in Mehl, dann in Ei, zuletzt in Paniermehl wenden.

In einer großen Pfanne die Butter und das Öl erhitzen. Die gefüllten Hühnerbrüstchen hineingeben und bei mittlerer Hitze in ca. 15 Minuten goldbraun und knusprig backen. Gelegentlich umdrehen. Dazu passt Kartoffelsalat oder Salzkartoffeln und grüner Salat.

Hähnchenschenkel in Rotwein

Zutaten (für 4 Portionen)

4 Hähnchenschenkel
2 Stängel Rosmarin
Salz
weißer Pfeffer
2 rote Zwiebeln
100 g durchwachsener Speck
250 g Champignons
4 EL Öl
250 ml Rotwein
250 ml Hühnerfond
5–6 EL dunkler Soßenbinder
2 Stängel Thymian

Zubereitung

Hähnchenschenkel unter fließendem Wasser waschen und trocken tupfen. Rosmarin waschen, trocken schütteln, Nadeln von den Stängeln zupfen und fein hacken. Hähnchenschenkel mit Salz, Pfeffer und Rosmarin einreiben.

Zwiebeln schälen und vierteln, Speck in Würfel schneiden. Champignons putzen. Öl in einem Topf erhitzen und Hähnchenteile darin kräftig anbraten. Speck und Zwiebeln zugeben und kurz mitbraten.

Pilze zum Hähnchen geben und mit andünsten. Rotwein und Hühnerfond zugießen und aufkochen. Alles ca. 30–40 Minuten schmoren.

Hähnchenschenkel herausnehmen, Soße aufkochen, Soßenbinder unter Rühren einstreuen und ca. 1 Minute kochen lassen. Mit Salz und Pfeffer abschmecken. Thymian waschen, trocken schütteln, Blättchen von den Stängeln streifen und zufügen. Hähnchenschenkel wieder in die Soße geben. Dazu passen Baguette und ein gemischter Salat.

Gefülltes Brathähnchen

Zubereitung (für 2 Portionen)

1 kleines Brathähnchen
(etwa 850 g)
Salz
frisch gemahlener Pfeffer
edelsüßes Paprikapulver
3 Scheiben Weiß- oder Toastbrot
½ Bund Petersilie
1 Zwiebel
½ EL getrockneten Basilikum
2 Eier
60–70 ml Milch
50 g Butter
1 Möhre
250 ml Geflügelfond

Zubereitung

Hähnchen waschen, trocken tupfen und innen und außen mit Salz, Pfeffer und Paprikapulver einreiben.

Weißbrot würfeln. Petersilie waschen, trocken schütteln und hacken. Zwiebel schälen und die Hälfte davon fein hacken. Restliche Zwiebelhälfte beiseite legen.

Backofen auf 230 °C (Umluft: 210 °C) vorheizen. Weißbrot mit Petersilie, Zwiebel, Basilikum, Eiern und Milch zu einer cremigen Masse verarbeiten und in das Hähnchen füllen. Mit Küchengarn zunähen.

Gefülltes Hähnchen mit weicher Butter bestreichen und mit der Brustseite nach unten in einen Bräter setzen. Möhre schälen, halbieren und mit der übrigen Zwiebelhälfte in den Bräter legen. Im Ofen (mittlere Schiene) ca. 20 Minuten anbraten. Fond zugießen und das Hähnchen erneut mit Butter bestreichen. Nach weiteren ca. 25–30 Minuten das Hähnchen umdrehen, mit Butter bestreichen und weitere ca. 30–45 Minuten garen, bis es goldbraun ist.

Hähnchen aus dem Ofen nehmen, halbieren und mit der Füllung auf 2 vorgewärmten Tellern anrichten. Soße auf dem Herd kurz einkochen, mit Salz und Pfeffer abschmecken und dazu servieren.

Tipp Wer die Haut schön knusprig mag, kann das Hähnchen gegen Ende der Garzeit auch mit etwas Salzwasser oder mit Bier bestreichen.

Hähnchenschenkel mit Schwarzwurzeln

Zutaten (für 2–3 Portionen)

4 Hähnchenschenkel
Salz
frisch gemahlener Pfeffer
edelsüßes Paprikapulver
80 ml Öl
100 ml Essig
800 g Schwarzwurzeln
1 Zwiebel
1 TL Mehl
300 ml Gemüsebrühe
½ Bund Petersilie
2 Eigelb
Saft von ½ Zitrone

Zubereitung

Backofen auf 180 °C (Umluft: 160 °C) vorheizen. Hähnchenschenkel waschen, trocken tupfen, salzen, pfeffern und mit Paprika einreiben.

In einem kleinen Bräter 20 Milliliter Öl erhitzen, die Geflügelschenkel darin von allen Seiten bei starker Hitze in ca. 5–7 Minuten anbraten und im Ofen in ca. 35 Minuten fertig garen.

Essig mit 1 Liter kaltem Wasser mischen. Schwarzwurzeln schälen, in ca. 3–4 Zentimeter lange Stücke schneiden und sofort in das Essigwasser legen, damit sie sich nicht braun verfärben. Zwiebel schälen und fein hacken.

Restliches Öl in einem Topf erhitzen und Zwiebel darin andünsten. Schwarzwurzeln abschütten, abtropfen lassen, zu den Zwiebeln geben und ca. 5 Minuten braten. Mehl darüber stäuben und hellgelb anschwitzen. Mit der Brühe aufgießen. Alles ca. 20–25 Minuten köcheln lassen.

Petersilie waschen, trocken schütteln, Blätter von den Stängeln zupfen und fein hacken. Wurzelbrühe mit Salz und Pfeffer abschmecken. Eigelbe mit dem Zitronensaft verschlagen. Topf vom Herd nehmen und die Eigelb-Zitronensaft-Mischung hineinrühren. Das Schwarzwurzelgemüse mit der Petersilie bestreuen. Hähnchenkeulen aus dem Ofen nehmen und mit dem Schwarzwurzelgemüse servieren. Dazu passen Kartoffeln.

Tipp Am besten schälen Sie die Schwarzwurzeln unter fließendem Wasser, da sie eine klebrige Substanz absondern.

Krosser Gänsebraten

Zutaten (für 6 Portionen)

1 küchenfertige Gans (ca. 4 kg)
Salz
frisch gemahlener Pfeffer
3 TL getrockneter Thymian

3 Äpfel
3 Zwiebeln
100 g Cranberries (frisch oder TK-Produkt)

100 g küchenfertige Maronen
750 ml Hühnerfond
125 ml Rotwein
dunkler Soßenbinder

Zubereitung

Gans unter fließendem Wasser waschen, trocken tupfen und innen mit Salz, Pfeffer und Thymian einreiben. Außen mit Pfeffer und Salz würzen. Backofen auf 200 °C (Umluft: 180 °C) vorheizen.

Äpfel und Zwiebel schälen, Äpfel vom Kerngehäuse befreien. Äpfel und Zwiebel in Stücke schneiden. Eine Hälfte mit Cranberries und Maronen mischen und in die Gans füllen.

500 Milliliter Hühnerfond in einen Bräter gießen. Gans mit der Brustseite nach unten hineinlegen und im vorgeheizten Backofen auf der untersten Schiene ca. 2 Stunden braten. Gans wenden, restliche Apfel- und Zwiebelstücke zufügen und weitere ca. 45 Minuten garen.

Gans aus dem Bräter nehmen und warm stellen. Bratensatz entfetten. Restlichen Hühnerfond und Rotwein zugießen. Soße pürieren, wenn nötig mit Soßenbinder binden und mit Salz abschmecken. Dazu schmecken Klöße.

Klosterwissen

Gänsebraten war in den Klöstern des Mittelalters ein Festmahl, galt Gänsefleisch doch gemeinhin als äußerst edles Fleisch. Die Stücke von Brust und Nacken empfand man als besonders schmackhaft, weshalb sie „Pfaffenschnittlein" genannt wurden. Um Gänsefleisch auch während der Fastenzeit verspeisen zu können, erlaubten manche Äbte zeitweise die Weißwangengans – als am Wasser lebendes Tier und weil sie angeblich in Muscheln heranwachsen würde – zum Verzehr. Kaiser Friedrich II. (1194–1250) höchstpersönlich bezweifelte diese These der Geistlichen.

Knusprige Ente mit Rosmarinäpfeln

Zutaten (für 4 Portionen)

350 g Äpfel
1 große Zwiebel
2 Stängel Rosmarin
1 EL Zitronensaft
1 küchenfertige Ente (ca. 2,5 kg)
Salz
frisch gemahlener Pfeffer
250 ml Apfelsaft
250 ml Hühnerfond

Zubereitung

Äpfel schälen, vierteln und vom Kerngehäuse befreien. Zwiebel schälen und in Spalten schneiden. Rosmarin waschen, trocken schütteln, Blättchen von den Stielen zupfen und mit dem Zitronensaft und den Zwiebelspalten unter die Äpfel mischen.

Ente unter fließendem Wasser waschen und trocken tupfen. Innen und außen mit Salz und Pfeffer einreiben. Apfelmischung in die Ente füllen und Öffnung mit Küchengarn zunähen.

Backofen auf 175 °C (Umluft: 155 °C) vorheizen. Ente mit der Brust nach unten auf den Backofenrost legen, Fettpfanne darunter setzen und ca. 250 Milliliter Wasser zugießen. Im Backofen ca. 45 Minuten braten. Ente wenden und ca. 1 ¼ Stunden weiter braten, evtl. heißes Wasser nachgießen. Für eine knusprige Haut Ente in den letzten ca. 10 Minuten mit kaltem Salzwasser bestreichen.

Ente herausnehmen und warm stellen. Geflügelfond entfetten.

Mit Apfelsaft und Hühnerfond auffüllen und aufkochen. Soße zur Ente servieren. Dazu passen Knödel mit gebräunten Bröseln, Rotkohl und gedünstete Äpfelhälften mit Preiselbeeren.

Abtei Plankstetten

Die Benediktinerabtei Plankstetten ist im Bereich der Verpflegung von Gästen und der Produktion und Verarbeitung von ökologischen Lebensmitteln äußerst aktiv. So gehören neun Biobetriebe zur Abtei, wie Metzgerei, Bäckerei, Imkerei oder Brennerei, und in jedem Jahr werden rund 100 Kurse rund um Gesundheit, Kreativität und Spiritualität angeboten, einschließlich Kochkursen in der Klosterküche. Wichtig sind den Mönchen der ökologische Landbau, eine nachhaltige Energieversorgung und die Einbettung in das Leben vor Ort, so wie es früher bei Klöstern als Entwicklungszentren der Fall war.

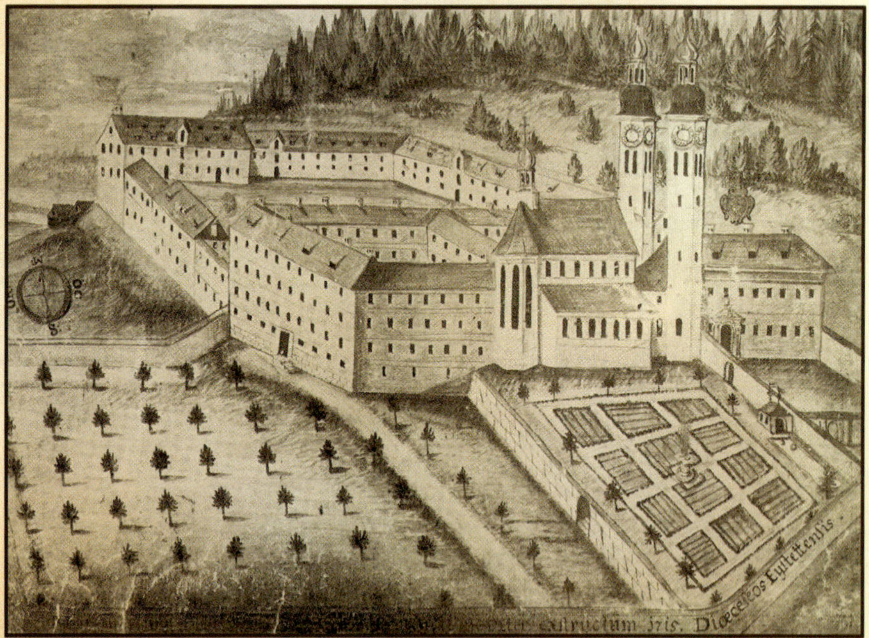

Ente mit Orangensoße

Zutaten (für 6–8 Portionen)

1 küchenfertige Ente (2,5–3 kg)
Salz
frisch gemahlener Pfeffer
2 EL Öl
3 EL Mehl
500 ml Orangensaft
125 ml Fleischfond
1–2 TL Honig
2 unbehandelte Orangen

Zubereitung

Ente gründlich waschen und trocken tupfen, innen und außen salzen und pfeffern. Ca. 2–3 Stunden an einen kühlen Ort stellen und durchziehen lassen.

Backofen auf 220 °C (Umluft: 200 °C) vorheizen. Ente mit der Brustseite nach unten auf den Rost der Fettpfanne legen und mit Öl bestreichen. Im Ofen ca. 1–1 ½ Stunden braten, dabei mehrmals mit dem austretenden Fett bestreichen. Wenn die Haut braun ist, Ente umdrehen. In den letzten ca. 10 Minuten Brattemperatur auf 240 °C (Umluft: 220 °C) erhöhen, damit die Ente schön knusprig wird.

Ca. 30 Minuten vor Ende der Garzeit 2–3 Esslöffel Bratenfett abnehmen und in einer Pfanne erhitzen. Mehl unter Rühren zufügen und hellgelb anbräunen. Unter ständigem Rühren nach und nach Orangensaft und Fond zugießen. Mit Honig, Salz und Pfeffer abschmecken. Soße etwas eindicken lassen. Inzwischen Orangen waschen, in Scheiben schneiden und in die Pfanne geben. Ca. 10 Minuten mitkochen.

Ente aus dem Ofen nehmen und tranchieren. Auf einer vorgewärmten Platte mit den Orangenscheiben anrichten. Die Soße getrennt dazu servieren. Dazu passt Rotkohl.

„Jesus nahm die fünf Brote und die zwei Fische, sah auf zum Himmel, dankte und brach's und gab die Brote den Jüngern, und die Jünger gaben sie dem Volk. Und sie aßen alle und wurden satt und sammelten auf, was an Brocken übrig blieb …"

(Matthäus 14,19–20)

Fischgerichte

Gebackene Forelle

Zutaten (für 4 Portionen)

4 Forellen (à 350 g)
Salz
frisch gemahlener Pfeffer
200 g Champignons
1 Bund Frühlingszwiebeln
3 unbehandelte Zitronen
1 Bund glatte Petersilie
4 EL Butter
11 EL Olivenöl
6 Tomaten
½ Bund Basilikum
2 EL Balsamico-Essig
Zucker

Zubereitung

Backofen auf 200 °C (Umluft: 180 °C) vorheizen. Forellen abspülen, säubern und mit Küchenkrepp trocken tupfen, salzen und pfeffern. Champignons und Frühlingszwiebeln putzen und in Scheiben schneiden. 2 Zitronen waschen und würfeln. Petersilie waschen, trocken schütteln und grob hacken.

Jede Forelle auf ein Stück Alufolie legen, mit dem Gemüse und den Zitronenwürfeln füllen und je 1 Esslöffel Butter und 2 Esslöffel Olivenöl zugeben. Alufolie verschließen, auf ein Backblech legen und ca. 20 Minuten im vorgeheizten Backofen garen.

Tomaten überbrühen, häuten und das Fleisch in kleine Würfel schneiden. Basilikum waschen, trocknen schütteln, und Blätter in dünne Streifen schneiden. Essig mit Salz und Pfeffer verrühren, 3 Esslöffel Olivenöl zugeben und erneut verrühren. Zum Schluss Tomatenwürfel und Basilikum unterheben.

Nach Belieben mit etwas Zucker und ein wenig Zitronensaft abschmecken. Vinaigrette zu den Forellen reichen.

Matjessalat

Zutaten (für 4 Portionen)

4 Äpfel
10 EL Öl
2 EL Calvados oder Apfelsaft
8 Matjes- oder Heringsfilets
1 Salatgurke
1 Packung gemischte Salatkräuter
100 g saure Sahne
frisch gemahlener Pfeffer
Zucker, 4 Stängel Dill

Zubereitung

Äpfel waschen, vom Kerngehäuse befreien und würfeln. 3 Esslöffel Öl in einer beschichteten Pfanne erhitzen und die Apfelstücke darin anbraten. Mit Calvados oder Apfelsaft ablöschen, aus der Pfanne nehmen und warm stellen.

Fischfilets schräg in Streifen schneiden. Gurke schälen, der Länge nach halbieren, entkernen und würfeln. Fischstreifen und Gurkenwürfel in einer Schüssel mischen.

Gemischte Kräuter mit 1 Esslöffel Wasser und restlichem Öl verrühren. Saure Sahne unterrühren, mit Pfeffer und Zucker abschmecken.

Apfelstückchen portionsweise auf Teller anrichten, Fisch-Gurken-Mischung darauf geben und mit Soße beträufeln. Dill waschen, trocken schütteln und damit den Salat garnieren.

Klosterwissen

Hildegard von Bingen empfahl, den Hering oder Matjes (was den jungen Hering bezeichnet) vor dem Genuss abzukochen und ihn im warmen Zustand in Essig zu marinieren. Weniger als Nahrungs-, sondern vielmehr als Heilmittel betrachtet sie ihn, wenn sie in ihrer „Physica" eine Salzheringslake zur Behandlung von Hautkrankheiten beschreibt.

Bachsaibling

Zutaten (für 4 Portionen)

2 Schalotten
1 Stange Lauch
3 EL Butter
1 Knoblauchzehe
1 Stängel Thymian
300 ml Brühe
Salz
frisch gemahlener Pfeffer
300 ml trockener Weißwein
80 g Crème double
150 g Blauschimmelkäse
6 Filets vom Bachsaibling (ohne Haut)
150 g Sahne
4 Nudelblätter (15x15 Zentimeter)
1 Bund Pimpernell
1 Bund Schnittlauch

Zubereitung

Schalotten schälen, Lauch putzen, waschen und beides fein schneiden. Butter in einem Topf erhitzen, Schalotten und Lauch darin glasig anschwitzen.

Knoblauch schälen, Thymianstängel waschen und trocken schütteln. Knoblauch und Thymianstängel zugeben. Mit Brühe ablöschen und mit Salz und Pfeffer leicht abschmecken. Kurz aufkochen und ca. 20 Minuten ziehen lassen.

Wein in einem Topf erhitzen und auf 125 Milliliter einkochen lassen. Zur Soße geben. Nochmals aufkochen. Crème double zugeben und Soße durch ein Sieb streichen. Mit Salz und Pfeffer abschmecken, Käse zugeben.

2 Saiblingsfilets und Sahne im Küchenmixer zu einer Fischfarce verarbeiten. Gut abschmecken und durch ein Sieb streichen.

Salzwasser in einem Topf erhitzen und Nudelblätter darin kurz blanchieren. In Eiswasser abschrecken und auf einem Tuch trocknen. Backofen auf 180 °C (Umluft: 160 °C) vorheizen.

Nudelblätter mit der Fischfarce bestreichen. Saiblingsfilets unter fließendem Wasser waschen und trocken tupfen. Leicht mit Salz und Pfeffer würzen. Fisch auf die Nudelblätter legen und Nudelblätter einschlagen. Die Nudelrollen im vorgeheizten Backofen ca. 10 Minuten fertig garen.

Kräuter waschen, trocken schütteln und klein schneiden. Kurz vor dem Servieren in die Soße geben.

Saibling auf Kartoffelbett

Zutaten (für 4 Portionen)

400 g Kartoffeln
Salz
5 EL Öl
40 g Speck
1 Knoblauchzehe
1 kleine Zwiebel
1 Chilischote
100 ml Kalbsfond
1 Stängel Thymian
frisch gemahlener Pfeffer
4 Saiblingsfilets (à 150 g)

Zubereitung

Kartoffeln gründlich waschen und mit der Schale in Salzwasser kochen und anschließend gut abkühlen lassen.

Kartoffeln längs halbieren und in 2 Esslöffeln Öl knusprig braten. Speck in Streifen schneiden. Knoblauch und Zwiebel schälen und in kleine Würfel schneiden.

Speckstreifen, Knoblauch- und Zwiebelwürfel zu den Kartoffeln geben und mitbraten. Chillischote waschen, entkernen, in Streifen schneiden und ebenfalls zugeben. Mit Kalbsfond ablöschen. Thymian waschen, trocken schütteln und Blättchen vom Stiel zupfen. Kartoffeln mit Salz, Pfeffer und Thymian würzen. Warm stellen.

Saiblingsfilets unter fließendem Wasser waschen und trocken tupfen. Mit Salz würzen. In einer beschichteten Pfanne das restliche Öl erhitzen. Den Fisch auf der Hautseite knusprig anbraten und kurz wenden.

Kartoffelgemüse auf Tellern anrichten und die Saiblingsfilets darauf setzen.

Forellenfilets mit Pastinakenpüree

Zutaten (für 4 Portionen)

100 g Sahne
1 Bund Petersilie
800 g Pastinaken

Salz
frisch gemahlener Pfeffer
etwas frisch geriebener Muskat

8 Forellenfilets (mit Haut)
4 EL Öl

Zubereitung

Sahne in einem hohen Gefäß ca. 4 Minuten mit dem Handrührer aufschlagen. Petersilie waschen, trocken schütteln und fein hacken. Pastinaken schälen, waschen und grob würfeln.

Pastinakenwürfel in einen Topf geben, mit Salzwasser bedecken und ca. 15 Minuten garen. Wasser abgießen und Pastinaken mit einem Stabmixer pürieren. Sahne unterheben, mit Salz, Pfeffer und Muskat abschmecken.

Forellenfilets unter fließendem Wasser waschen und trocken tupfen. Öl in einer Pfanne erhitzen und die Forellenfilets auf der Hautseite ca. 2–3 Minuten anbraten. Filets wenden und nochmals ca. 2–3 Minuten braten. Mit Salz und Pfeffer würzen. Pastinakenpüree auf Teller verteilen und zusammen mit den Forellenfilets anrichten. Dazu passt Feldsalat.

Karpfen im Nachthemd

Zutaten (für 4 Portionen)

1 Karpfen (ca. 2 kg)
3 EL Obstessig
Saft von 1 Zitrone
frisch gemahlener Pfeffer
Salz

500 g Fenchelknolle
250 ml Gemüsebrühe
½ TL Ingwerpulver
Fett für die Form
50 g Butter

½ TL Curry
250 g Champignons
150 g Blauschimmelkäse

Zubereitung

Karpfen unter fließendem Wasser waschen, trocken tupfen und filetieren. Essig, Zitronensaft, Pfeffer und etwas Salz mischen. Filets auf eine Platte legen, mit Essigmischung übergießen und ca. 1 Stunde marinieren.

Fenchelknollen waschen, putzen und achteln. Gemüsebrühe in einem Topf erhitzen. Ingwerpulver und Fenchel zugeben und garen.

Eine längliche Gratinform einfetten. Fenchel aus der Brühe nehmen und in der Form anrichten.

Butter in einer Pfanne erhitzen. Marinierte Karpfenfilets darin auf beiden Seiten goldgelb braten. Fisch herausnehmen, mit Curry bestäuben und auf den Fenchel legen. Backofen auf 220 °C (Umluft: 200 °C) vorheizen.

Champignons putzen und blättrig schneiden. Pilze ca. 2 Minuten in der Pfanne braten und über die Karpfenfilets geben.

Käse durch ein feines Sieb streichen und darüber geben. Im vorgeheizten Backofen so lange gratinieren, bis der Käse duftend schmilzt.

Gebratenes Zanderfilet mit Himbeervinaigrette

Zutaten (für 4 Portionen)

150 g Himbeeren
100 ml Himbeeressig
1 Knoblauchzehe, 1 TL Senf

Salz, frisch gemahlener Pfeffer
Honig, 230 ml Olivenöl
2 Stängel Zitronenmelisse

4 Zanderfilets mit Haut (à 180 g)
Mehl
1 EL Butter

Zubereitung

Himbeeren waschen, gut abtropfen lassen und 100 Gramm mit Himbeeressig ca. 3–4 Stunden zugedeckt marinieren lassen. Knoblauch schälen und durch eine Presse drücken, mit Senf, Salz, Pfeffer und Honig verrühren. Die marinierten Himbeeren mit dem Essig zugeben und alles gut durchrühren. 200 Milliliter Öl zugießen und mit dem Schneebesen so lange einrühren, bis eine sämige Konsistenz entsteht. Noch einmal abschmecken. Zitronenmelisse waschen, trocken schütteln, Blättchen von den Stängeln zupfen und in schmale Streifen schneiden. Unter die Vinaigrette rühren. Fisch waschen und mit Küchenkrepp trocken tupfen, salzen und pfeffern. Mehl auf einen Teller geben, die Fischfilets von beiden Seiten darin wenden. In einer beschichteten Pfanne restliches Öl und Butter erhitzen, den Fisch von überschüssigem Mehl befreien. Filets auf der Hautseite ca. 3 Minuten braten, umdrehen und in weiteren ca. 2 Minuten fertig braten. Dabei ab und zu mit dem Bratenfett überschöpfen. Das Filet soll eine goldbraune Farbe annehmen. Zum Servieren den Fisch auf vorgewärmten Tellern anrichten, einen Teil der Himbeersoße neben den Fisch geben und mit einigen Himbeeren garnieren. Als Beilage passt dazu ein grüner Salat mit frischen Gartenkräutern.

Renken mit Kressesoße

Zutaten (für 4 Portionen)

4 küchenfertige Renken
Salz, weißer Pfeffer
1 Zwiebel, 60 g Butterschmalz

¼ l trockener Weißwein
375 ml Fischfond oder Gemüsebrühe
250 g Crème fraîche

2–3 EL Mehl
1 Schälchen Gartenkresse
1 Prise Zucker

Zubereitung

Renken waschen, trocken tupfen, innen und außen salzen und pfeffern und einige Minuten ziehen lassen.

Zwiebel schälen und fein hacken. In einer Pfanne 20 Gramm Schmalz erhitzen und die Zwiebel darin bei mittlerer Hitze glasig dünsten. Mit Wein und Fischfond oder Gemüsebrühe aufgießen und etwas einkochen lassen.

Crème fraîche einrühren und weitere ca. 10 Minuten köcheln lassen.

Restliches Schmalz in einer Pfanne erhitzen. Renken in Mehl wenden und in die Pfanne legen. Auf jeder Seite bei mittlerer Hitze ca. 4–5 Minuten braten.

Kresse waschen, trocken schütteln und fein hacken. Soße mit Zucker, Salz und Pfeffer abschmecken. Kresse einrühren und zu den Renken servieren. Dazu passen Salzkartoffeln und ein Salat.

Gefüllte Forellenfilets

Zutaten (für 4 Portionen)

4 Forellen (à 300 g)
20 Salbeiblätter
4 Scheiben geräucherter Schinken
6 EL Butterschmalz
weißer Pfeffer
Salz
gehobelte Mandeln

Zubereitung

Forellen unter fließendem Wasser waschen, trocken tupfen, am Rücken entlang teilen und die Gräten entfernen. Dann mit einem scharfen Messer vom Schwanz her die Haut vom Filet lösen.

Salbeiblätter waschen, trocken schütteln und fein schneiden. Die hautfreien, entgräteten Filets mit dem Schinken belegen und mit je 3 fein geschnittenen Salbeiblättern garnieren.

Filets zusammenklappen und mit einer Fleischnadel am Ende des Filets fixieren, sodass eine Tasche entsteht. Butterschmalz in einer Pfanne erhitzen und restliche Salbeiblätter zugeben. Filets mit Pfeffer und einer Prise Salz leicht würzen, in die Pfanne legen und goldgelb braten. Dabei immer wieder mit Butterschmalz übergießen.

Kurz vor Ende der Garzeit gehobelte Mandelblätter zugeben und mitbraten.

Filets auf einem Teller anrichten und mit dem Schmalz, den gehobelten Mandeln und dem gerösteten Salbei dekorieren. Dazu passen am besten Salzkartoffeln und ein gemischter Salat.

Klosterwissen

Forellen gehörten neben Aalen, Hechten, Karpfen, Saiblingen, Schleien, Wallern und Zandern zu den wichtigsten Klosterfischen. Die Süßwasserfische wurden in klostereigenen Teichen gezüchtet und als Fastenspeise verzehrt. Besonders oft wurde der Fisch in der Fastenzeit „blau" zubereitet, also knapp unter dem Siedepunkt in gewürztem Wasser ziehen gelassen.

Aalfilets mit Gemüseragout

Zutaten (für 4 Portionen)

250 g Blumenkohl
250 g Möhren
150 g Zuckerschoten
200 g Aalfilet
1 Bund Estragon
Salz
150 g Joghurt
2 TL Mehl

Zubereitung

Gemüse putzen und waschen. Blumenkohl in Röschen teilen, Möhren schräg in Scheiben schneiden, Zuckerschoten schräg halbieren. Aal unter fließendem Wasser waschen, trocken tupfen und in Stücke schneiden. Estragon waschen, trocken schütteln und bis auf 2 Stängel fein hacken.

250 Milliliter Wasser mit etwas Salz und 2 Stängeln Estragon in einem Topf aufkochen, Gemüse zugeben und Blumenkohlröschen und Möhren je nach Größe ca. 10 Minuten, Zuckerschoten ca. 3 Minuten darin garen. Gemüse abgießen und das Kochwasser auffangen. Estragon herausnehmen.

Joghurt und Mehl gut verrühren, mit 250 Milliliter Gemüsekochwasser in einen Topf geben und aufkochen.

Gemüse in die Soße geben, Aalstücke darauf legen und bei schwacher Hitze ca. 3 Minuten garen. Gemüseragout vorsichtig umrühren und mit gehacktem Estragon bestreut servieren. Dazu passt Kartoffelpüree mit gerösteten Mandeln oder Reis.

Kloster Walsrode

Die erste bürgerliche Äbtissin in Walsrode wurde 1980 eingesetzt. Diese führte auch die traditionelle Heringsspende wieder ein. Diese Spende geht ursprünglich auf das Jahr 1522 zurück, wobei die Anweisung für „eine Tonne Heringe und so viel Brot, als dazu nötig sei" erst 1548 erfolgte. Zwischenzeitlich wurde nur Brot, dann Getreide und Mehl und schließlich Bargeld ausgeteilt. 1902 wurde die Heringsspende in die allgemeine klösterliche Armenfürsorge integriert. Heute erhalten die vierten Klassen der Walsroder Schulen alle zwei Jahre zum Ende des Schuljahrs süße Teigheringe, die von den Klosterdamen beim Besuch des Klosters verteilt werden.

Apfel-Bismarckheringe

Zutaten (für 4 Portionen)

200 g Crème fraîche
150 g Naturjoghurt
Salz
frisch gemahlener Pfeffer
Zucker
2 Äpfel
3 Zwiebeln
400 g Bismarckheringe
etwas Schnittlauch zum Garnieren

Zubereitung

Crème fraîche und Joghurt zu einer Creme verrühren, mit Salz, Pfeffer und Zucker abschmecken. Äpfel schälen, vom Kerngehäuse befreien und in Scheiben schneiden. Zwiebel schälen und in feine Würfel schneiden. Wenn noch vorhanden die Rückenflossen von den Herigen entfernen und in Streifen schneiden.

Äpfel, Heringe und Zwiebelwürfel in die Creme geben, gut mischen und im Kühlschrank ca. 2 Stunden durchziehen lassen. Mit Schnittlauchröllchen garnieren. Dazu passt Baguette.

Waller in Weißweinsud

Zutaten (für 8 Portionen)

1 küchenfertiger Waller (ca. 1,8–2 kg)
1 Stange Lauch
3 Möhren
½ Sellerieknolle
½ unbehandelte Zitrone
Salz
2 Lorbeerblätter
2 Gewürznelken
1 TL weiße Pfefferkörner
375 ml trockener Weißwein
200 ml Weißweinessig
200 g Butter
1 Bund Petersilie

Zubereitung

Fisch innen und außen gründlich waschen. Lauch putzen und waschen, Möhren und Sellerie schälen. Lauch in Ringe, Möhren in Scheiben und Sellerie in kleine Würfel schneiden. Zitrone vierteln.

2 ½ Liter Wasser reichlich salzen. Gemüse, Lorbeer, Nelken, Pfefferkörner, Weißwein, Essig und Zitronenstückchen zufügen und langsam erhitzen. Fisch in den lauwarmen Sud legen und zugedeckt langsam erhitzen, bis der Sud zum Sieden kommt. Er muss perlen, darf aber auf keinen Fall kochen. Waller ca. 40 Minuten (vom Siedepunkt an gerechnet) ziehen lassen, bis er gar ist.

Inzwischen die Butter in einer kleinen Pfanne zerlassen und leicht bräunen, warm stellen. Petersilie waschen, trocken schütteln und fein hacken.

Fisch vorsichtig aus dem Sud heben und auf einer vorgewärmten Platte anrichten. Mit etwas Sud und Gemüse übergießen. Mit Petersilie bestreut servieren. Die zerlassene Butter dazu reichen. Salzkartoffeln und ein grüner Salat passen am besten zum Waller.

Tipp Der Waller oder Wels lebt in Flüssen, zum Beispiel in der Donau. Er gehört zu den Edelfischen und ist recht teuer, schmeckt aber ausgezeichnet.

Aal in Dill-Sahne-Soße

Zutaten (für 3–4 Portionen)

1 küchenfertiger Aal (ca. 600–700 g)
1 Zwiebel
1 EL Butter
250 ml Fischfond oder Gemüsebrühe
2–3 EL Zitronensaft
Salz
frisch gemahlener Pfeffer
250 g Sahne
2 Bund Dill
1 Eigelb

Zubereitung

Aal waschen, trocken tupfen und in ca. 4–5 cm lange Stücke schneiden. Zwiebel schälen und sehr fein hacken.

Butter in einem Topf erhitzen, Zwiebel zufügen und bei mittlerer Hitze glasig dünsten. Fischfond oder Gemüsebrühe und 1 Esslöffel Zitronensaft zufügen, salzen und pfeffern. Etwas einkochen lassen.

Sahne in die Soße geben, zum Kochen bringen und ca. 5 Minuten einkochen lassen. Hitze reduzieren, Aalstücke einlegen und ca. 15–20 Minuten garen.

Dill waschen, trocken schütteln, die Fähnchen von den Stängeln zupfen und hacken.

Topf vom Herd nehmen, Eigelb verschlagen und mit dem Schneebesen in die Soße rühren. Dill zufügen und Aal in Dill-Sahne-Soße mit Salzkartoffeln und einem Salat servieren.

Tipp Sie können den Aal auch selbst küchenfertig vorbereiten. Das ist allerdings nicht ganz einfach. Dazu halten Sie den Aal mit einem Küchentuch fest. Mit einem spitzen Messer schneiden Sie den Fisch auf der Bauchseite unterhalb des Kopfes 2 Zentimeter ein, ebenso die Haut rundherum. Halten Sie den Kopf fest und ziehen Sie die Haut ab. Schneiden Sie schließlich den Kopf ab und nehmen Sie das Fischfleisch aus.

Steinbuttfilet in Brunnenkressekruste

Zutaten (für 3 Portionen)

40 g Butter
70 g Paniermehl
20 g Brunnenkresse
700 g Steinbuttfilet
Salz
weißer Pfeffer
2–3 EL Zitronensaft
1–2 EL mittelscharfer Senf

Zubereitung

In einer Pfanne die Butter erhitzen, das Paniermehl einstreuen und unter Rühren goldbraun braten. In eine Schüssel geben und abkühlen lassen. Brunnenkresse verlesen, gründlich waschen und die Blättchen fein hacken, mit dem Paniermehl mischen. Backofen auf 220 °C (Umluft: 200 °C) vorheizen.

Fischfilets waschen, trocken tupfen und evtl. in gleich große Stücke schneiden. Salzen, pfeffern und mit Zitronensaft beträufeln. Steinbuttfilets auf einer Seite mit Senf bestreichen. Das Paniermehl darauf verteilen und andrücken.

Filets in eine feuerfeste Form setzen und im vorgeheizten Backofen (mittlere Schiene) ca. 6–8 Minuten garen. Dazu passen kleine Butterkartoffeln und ein gemischter Blattsalat.

Schollenfilets in Sauerampfersoße

Zutaten (für 4 Portionen)

- 4 Schollenfilets (ca. 800 g)
- Salz
- frisch gemahlener Pfeffer
- 1–2 EL Zitronensaft
- 300 ml trockener Weißwein
- 1–2 Lorbeerblätter
- 40 g Butter, 1 ½ EL Mehl
- 50 g Sauerampfer
- 150 g saure Sahne

Zubereitung

Backofen auf 200 °C (Umluft: 180 °C) vorheizen. Fischfilets kurz waschen, trocken tupfen, salzen, pfeffern und mit Zitronensaft beträufeln. In eine feuerfeste Auflaufform legen und den Wein angießen. Lorbeerblätter zufügen.

Fisch im vorgeheizten Backofen (mittlere Schiene) ca. 15 Minuten garen. Filets vorsichtig aus dem Sud heben und warm stellen. Sud über einem Sieb abgießen.

Butter in einem Topf zerlassen, Mehl zufügen und unter ständigem Rühren hellgelb braten. Fischsud nach und nach einrühren, dabei ständig weiterrühren. Kurz aufkochen, Hitze reduzieren und ca. 3–5 Minuten sanft köcheln lassen.

Sauerampfer verlesen, waschen und die Blätter in feine Streifen schneiden. Mit der sauren Sahne zu der Soße geben, kurz erhitzen, aber nicht mehr kochen lassen, da die Soße sonst gerinnt. Mit Salz und Pfeffer abschmecken. Zum Fisch servieren. Dazu passen Salzkartoffeln und ein grüner Salat.

Seeteufelkoteletts mit Bärlauchbutter

Zutaten *(für 4 Portionen)*

4 Seeteufelkoteletts (à 200 g)
Salz
frisch gemahlener Pfeffer
2 unbehandelte Zitronen
180 g Bärlauchblätter
4 EL Butter

Zubereitung

Fischkoteletts kurz waschen, trocken tupfen, salzen und pfeffern. 1 Zitrone auspressen und etwas Saft über den Fisch träufeln.

Die andere Zitrone schälen, filetieren und klein würfeln. Bärlauch waschen, trocken schütteln und grob hacken.

Butter in einer Pfanne erhitzen. Fisch darin von beiden Seiten ca. 3–4 Minuten braten. Auf 4 vorgewärmten Tellern anrichten.

Zitronenwürfel in die Pfanne geben, kurz erhitzen und den übrigen Zitronensaft sowie den Bärlauch zufügen. Mit Salz und Pfeffer würzen und über die Seeteufelkoteletts gießen. Dazu passen Reis und ein frischer Wildkräutersalat.

Mit Brennnesseln gefüllte Fischröllchen

Zutaten (für 4 Portionen)

4 Seezungenfilets
Salz
1–2 EL Zitronensaft
1–2 EL saure Sahne
2 TL mittelscharfer Senf
frisch gemahlener Pfeffer
15–20 junge Brennnesselblätter
250 ml Milch
4 EL Sahne
3–4 Stängel Dill
100 g Quark

Zubereitung

Fischfilets kurz waschen, trocken tupfen, längs halbieren, salzen und mit Zitronensaft beträufeln.

Saure Sahne mit Senf und etwas Pfeffer verrühren und auf die Oberseite der Filets streichen. Brennnesselblätter waschen, trocken schütteln und auf den Fischfilets verteilen. Filets aufrollen und mit Zahnstochern feststecken.

In einem Topf Milch und Sahne aufkochen. Die Fischröllchen hineingeben und bei geringer Hitze zugedeckt ca. 5 Minuten garen. Seezungenröllchen aus der Sahnemilch nehmen und warm stellen.

Dill waschen, trocken schütteln, Fähnchen von den Stängeln zupfen und fein hacken. Soße mit Salz und Dill würzen. Den Quark mit dem Schneebesen einrühren. Vorsichtig erwärmen – die Soße darf nicht mehr kochen, da der Quark sonst ausflockt. Fischröllchen mit der Soße servieren. Dazu passen Salzkartoffeln und Brennnesselgemüse oder ein grüner Salat.

Flusskrebse in Bärlauch-Dill-Sahne

Zutaten (für 4 Portionen)

100 g Bärlauch
½ Bund Dill
1 Schalotte, 1 kleine Chilischote

2–3 EL Öl
Saft von 1 Zitrone
Salz

100 ml Gemüsebrühe
200 g Crème fraîche
20–25 Flusskrebsschwänze

Zubereitung

Bärlauch und Dill waschen und trocken schütteln. Dillfähnchen von den Stängeln zupfen und Bärlauch und Dill fein hacken. Schalotte schälen und klein würfeln. Chilischote der Länge nach halbieren, Kerne entfernen und fein hacken. Hände sofort gründlich waschen.

Öl in einer Pfanne erhitzen. Schalotte darin bei geringer Hitze ca. 3–4 Minuten dünsten. Kräuter, Chilischote und Zitronensaft zufügen, salzen. Brühe angießen und Crème fraîche einrühren.

Flusskrebse in die Soße geben und ca. 8–10 Minuten garen. Mit Baguette oder Pellkartoffeln und Salat servieren.

Klosterwissen

Flusskrebse waren als Krusten- und Wassertiere eine beliebte Fastenspeise. Schon früh erkannte man auch im Kloster, dass die Kombination von Fisch und Krustentieren mit Dill besonders bekömmlich ist. Die aus Vorderasien und Südeuropa stammende Gewürzpflanze wurde von Mönchen nach Mitteleuropa gebracht und als Heilpflanze gegen Bauch- und Kopfschmerzen eingesetzt.

Aal in grüner Soße

Zutaten (für 4–5 Portionen)

- 50 g Sauerampfer
- 3–4 Stängel Kerbel
- 2–3 Stängel Dill
- 2–3 Stängel Petersilie
- 1 küchenfertiger Aal (ca. 1 kg)
- 60 g Butter
- 1–2 EL Zitronensaft
- 125 ml trockener Weißwein
- 1 Lorbeerblatt
- 1 Eigelb
- Salz
- frisch gemahlener Pfeffer

Zubereitung

Sauerampfer verlesen, waschen, trocken schleudern und grob hacken. Kerbel, Dill und Petersilie waschen, trocken schütteln, Blättchen bzw. Fähnchen von den Stängeln zupfen und fein hacken. Alle Kräuter mischen.

Aal waschen, trocken tupfen und in ca. 5–6 Zentimeter große Stücke schneiden.

In einer großen Pfanne Butter erhitzen, Fischstücke zufügen und von allen Seiten ca. 4 Minuten anbraten.

Kräuter über dem Aal verteilen, mit Zitronensaft beträufeln, 125 Milliliter Wasser und den Wein angießen. Lorbeerblatt hineinlegen und bei geringer Hitze ca. 10–15 Minuten garen.

Eigelb mit 2–3 Esslöffeln Kochflüssigkeit verschlagen und in die Soße rühren. Mit Salz und Pfeffer abschmecken. Noch kurz erwärmen, aber nicht mehr kochen lassen (das Ei gerinnt sonst) und sofort servieren. Dazu passen Salzkartoffeln oder Weißbrot und Salat.

Tipp Die beste Erntezeit für Sauerampfer ist im Frühjahr vor der Blüte. Danach werden die Blätter leicht bitter, da sich immer mehr giftige Oxalsäure in ihnen einlagert.

Seeteufelragout mit Spargel und Brunnenkressesoße

Zutaten (für 4 Portionen)

500 g weißer Spargel
500 g grüner Spargel
Salz
Zucker
70 g Butter
600 g Seeteufelfilet
frisch gemahlener Pfeffer
1 Bund Brunnenkresse
2 EL Crème fraîche
2–3 TL Zitronensaft

Zubereitung

Beide Spargelsorten schälen, holzige Enden abschneiden und die Stangen in ca. 3 Zentimeter lange Stücke schneiden. 600 Milliliter Salzwasser mit 1 Prise Zucker und 20 Gramm Butter zum Kochen bringen. Restliche Butter würfeln und einfrieren. Den weißen Spargel zugeben und ca. 5 Minuten kochen lassen, den grünen Spargel zugeben und weitere ca. 5–7 Minuten garen.

Seeteufelfilet in 6 Scheiben schneiden und von beiden Seiten mit Salz und Pfeffer einreiben. Spargel aus dem Sud nehmen und abschrecken. Fisch in den Spargelsud geben, bei milder Hitze darin ca. 4–6 Minuten garen und herausnehmen.

Brunnenkresse waschen, putzen und hacken und mit 400 Milliliter Spargelsud fein pürieren und nochmals aufkochen lassen. Crème fraîche zugeben und mit Zitronensaft, Salz, Pfeffer und Zucker abschmecken. Die kalte Butter nach und nach untermixen. Spargel und Fisch in der Soße kurz heiß werden lassen und sofort servieren. Dazu passen Kartoffeln.

Lachsfilet mit Preiselbeer-Senf-Soße

Zutaten (für 4 Portionen)

100 g Preiselbeeren
3 EL süßer, körniger Senf
2 EL brauner Zucker
Salz
frisch gemahlener Pfeffer
2 EL heller Weinessig
100 ml Öl
1 Bund Dill
2 Stängel Estragon
4 Möhren
2 Stangen Lauch
4 Stangen Staudensellerie
300 ml Gemüsebrühe
4 Lachsschnitten (à 200 g)
4 EL Butter

Zubereitung

Preiselbeeren verlesen, waschen und mit 2 Esslöffeln Wasser aufkochen lassen. Abgießen und abkühlen lassen.

Senf mit Zucker, Salz und Pfeffer verrühren. Essig zugeben und mit einem Schneebesen nach und nach das Öl unterschlagen. Dill und Estragon waschen, trocken schütteln, Fähnchen bzw. Blättchen von den Stängeln zupfen und fein hacken. Zusammen mit den Preiselbeeren unter die Soße mischen. Bis zum Verzehr kalt stellen.

Möhren waschen und schälen. Lauch und Staudensellerie waschen und putzen. Gemüse in lange, feine Streifen schneiden. Gemüsebrühe erhitzen und die Gemüsestreifen darin in wenigen Minuten bissfest kochen. Herausnehmen und abtropfen lassen.

Lachsschnitten in die heiße Gemüsebrühe legen, zudecken und bei schwacher Hitze ca. 5 Minuten ziehen lassen. Butter in einer Pfanne zerfließen lassen, Gemüsestreifen darin schwenken und mit Salz und Pfeffer würzen.

Zum Servieren Lachs aus der Brühe heben, etwas abtropfen lassen und auf 4 Teller legen.
Mit Salz und Pfeffer bestreuen, Gemüse an die Seite geben und Soße über die Fischstücke gießen.

Kloster Weltenburg

Die Klosterbrauerei blickt hier auf eine lange Tradition zurück. Seit 1050 brauen die Mönche im Kloster Bier und verwenden dazu das Wasser aus einem 80 Meter tiefen Brunnen im Jurakalk unterhalb des Klosters. Die Braustätte befindet sich auf dem Klostergelände und wird über eine Pipeline direkt in die Klosterschenke transportiert. In dem Jahrtausend des Bestehens der Brauerei wurde die Bierherstellung nur in der Zeit der Säkularisation von 1803 bis 1846 unterbrochen. Seit 1846 ist die Brauerei wieder in klösterlichem Eigentum und bezeichnet sich daher als die älteste Klosterbrauerei der Welt. Die Klosterbiere sowie den Klosterlikör und den Klosterbitter können Gäste im Klosterladen erwerben oder in der verpachteten Klosterschenke genießen.

Karpfen in Bierteig mit Endivien-Kartoffel-Salat

Zutaten (für 4 Portionen)

750 g Kartoffeln
Salz
½ Endiviensalat
frisch gemahlener Pfeffer
¼ TL Zucker
5–6 EL Essig, 8 EL Öl
250 ml Gemüsebrühe
100 g Mehl
125 ml Bier, 3 Eiweiß
1 küchenfertiger Karpfen (ca. 1,2 kg)
200 g Butterschmalz
1 unbehandelte Zitrone

Zubereitung

Kartoffeln waschen, mit Salz in einen Topf geben und so viel Wasser einfüllen, dass die Kartoffeln knapp bedeckt sind. Zum Kochen bringen und zugedeckt bei geringer Hitze in ca. 15–20 Minuten garen. Abschütten, kalt abschrecken und etwas abkühlen lassen.

Endiviensalat putzen, waschen und ca. 10 Minuten in lauwarmem Wasser liegen lassen. Dadurch verliert er seine Bitterstoffe. Kartoffeln pellen, in dünne Scheiben schneiden und in eine Schüssel legen. Salz, Pfeffer und Zucker zufügen, Essig, Öl und Gemüsebrühe dazu geben. Am besten mit zwei Gabeln vorsichtig durchmengen. Ca. 15 Minuten ziehen lassen. Endiviensalat trocken schwenken und in dünne Streifen schneiden, unter den Kartoffelsalat heben. Durchziehen lassen, bis der Fisch fertig ist. Gegebenenfalls noch mit Salz und Essig abschmecken.

Mehl, Bier und Salz verrühren, zugedeckt ca. 10 Minuten ruhen lassen. Eiweiß steif schlagen. Eischnee unter den Teig rühren. Karpfen waschen, trocken tupfen, Kopf abschneiden und Körper quer in 4 Stücke schneiden, salzen und pfeffern.

Butterschmalz in einer großen Pfanne erhitzen. Fischstücke in dem Bierteig wenden und im heißen Fett in ca. 10–12 Minuten von beiden Seiten goldbraun braten. Zitrone vierteln und mit dem Endivien-Kartoffel-Salat zum Karpfen servieren.

Tipp Karpfen sollten Sie nur in Monaten mit „r“ essen, also von September bis April. Diese alte Regel hat ihren Grund: In dieser Zeit ist der ansonsten recht fette Fisch fester im Fleisch und auch „magerer“, da die Fische während dieser Monate weniger oder gar nichts fressen.

„Wir denken an die Fische, die wir in
Ägypten umsonst aßen, und an die Kürbisse, die
Melonen, den Lauch, die Zwiebeln und
den Knoblauch. Nun aber ist unsere Seele matt,
denn unsere Augen sehen nichts als das Manna."

(4. Mose 11,5–6)

Gemüse-
gerichte

Grüner Spargelsalat

Zutaten (für 4 Portionen)

750 g grüner Spargel
Salz
1–2 TL Butter
5 Schalotten
4 EL frische Kräuter (z. B. Petersilie, Dill, Schnittlauch, Oregano, Estragon)
4 EL weißer Balsamico-Essig
7 EL Traubenkernöl
frisch gemahlener Pfeffer
Zucker
2 Eier
etwas Feldsalat
½ Bund Schnittlauch

Zubereitung

Spargel waschen, das untere Drittel schälen (nicht in Stücke schneiden) und in kochendem Salzwasser mit der Butter ca. 10–15 Minuten bissfest kochen. Spargel sorgfältig abtropfen lassen und auf einer Servierplatte oder flachen Schale anrichten.

Schalotten schälen und sehr fein würfeln. Kräuter waschen, trocken schütteln und klein hacken. Schalotten, Essig, Öl, gehackte Kräuter, Salz, Pfeffer und Zucker verrühren und abschmecken. Anschließend über den noch warmen Spargel geben. Eier hart kochen und das Eigelb fein mit einer Gabel zerdrücken. Feldsalat waschen und trocken schleudern. Schnittlauch waschen, trocken schütteln und in kleine Röllchen schneiden. Eigelb, Feldsalat und Schnittlauch auf dem Spargel garnieren. Einige Minuten ziehen lassen.

Dinkel-Gemüse-Pfanne

Zutaten (für 4 Portionen)

300 g Dinkel
1 l Gemüsebrühe
1 kg Blumenkohl
4 Tomaten
4 EL Öl
4 Eier
frisch gemahlener Pfeffer
Salz
1 Bund Petersilie

Zubereitung

Dinkel in die kalte Gemüsebrühe geben, aufkochen und ca. 50 Minuten kochen.

Blumenkohl putzen, waschen und in kleine Röschen teilen. Blumenkohl zum Dinkel geben und ca. 5 Minuten mitgaren, bis die restliche Flüssigkeit verdampft ist.

Tomaten kurz in kochendes Wasser tauchen, kalt abschrecken und die Haut abziehen. Vom Stielansatz befreien und achteln.

In einer Pfanne Öl erhitzen, Dinkel und Blumenkohl darin dünsten. Tomaten zugeben. Eier mit Pfeffer und Salz verschlagen, darüber gießen und stocken lassen. Petersilie waschen, trocken schütteln, Blättchen von den Stängeln zupfen und fein hacken. Dinkelpfanne damit bestreuen.

Kartoffelpuffer

Zutaten (für 4 Portionen)

1 kg Kartoffeln
1 Zwiebel
2 Eier
3 EL Mehl
½ TL Salz
etwas frisch geriebener Muskat
frisch gemahlener Pfeffer
8–12 EL Öl

Zubereitung

Kartoffeln schälen, waschen, klein reiben, in einem sauberen Baumwolltuch gut ausdrücken und in eine Schüssel geben. Zwiebel schälen und fein würfeln. Zwiebel, Eier, Mehl, Salz, Muskat und Pfeffer zugeben und alles gut verrühren. 2–3 Esslöffel Öl pro Pfanne erhitzen und je 3 Puffer darin pro Seite ca. 3 Minuten goldgelb braten. Dazu passt ein frischer Kräuter-Quark-Dipp.

Gemüse-Eierpfanne

Zutaten (für 4 Portionen)

2 rote Paprikaschoten
2 Stangen Lauch
100 g Mais
4 Eier
Salz
weißer Pfeffer
Paprikapulver
20 g Butter

Zubereitung

Paprikaschoten halbieren, putzen, waschen und in Streifen schneiden. Lauch putzen, waschen und in Ringe schneiden. Mais über einem Sieb abtropfen lassen. Eier in einer Schüssel verschlagen. Mit Salz, Pfeffer und Paprikapulver würzen. Butter in einer beschichteten Pfanne erhitzen und das Gemüse darin ca. 10 Minuten dünsten. Alles herausnehmen. Eier in die Pfanne geben. Gemüse darüber verteilen und alles bei schwacher Hitze bei geschlossenem Deckel ca. 10 Minuten stocken lassen.

Kartoffelgratin mit Sellerie

Zutaten (für 4 Portionen)

400 g Kartoffeln, 250 g Sellerie
Fett für die Form
250 g Crème fraîche
100 g geriebener Schnittkäse
etwas frisch geriebener Muskat
1 TL Salz
frisch gemahlener Pfeffer
½ Bund Petersilie oder Schnittlauch

Zubereitung

Backofen auf 200 °C (Umluft: 180 °C) vorheizen. Kartoffeln und Sellerie schälen, waschen und in dünne Scheiben schneiden. Kartoffel- und Selleriescheiben in eine gefettete Auflaufform (30 x 20 Zentimeter) schichten. Crème fraîche mit Käse, Muskat, Salz und Pfeffer mischen und über das Gemüse geben. Gratin im vorgeheizten Backofen ca. 50 Minuten goldbraun backen. Petersilie waschen, trocken schütteln, Blättchen von den Stängeln zupfen und hacken. Gratin damit bestreuen und servieren.

Klosterwissen

In seinem Werk „Hortulus", in dem verschiedene Arznei- und Nutzpflanzen in Gedichtform aufgeführt werden, schrieb der einst im Kloster Reichenau - auf der Insel Reichenau im Bodensee, die neben dem 1803 säkularisierten Kloster auch für ihren Gemüseanbau bekannt ist und zum UNESCO-Welterbe zählt - ansässige Benediktinermönch Walahfrid Strabo (808–849) auch über den Sellerie. Die schon im alten Ägypten und antiken Griechenland bekannte Kulturpflanze ist für Strabo eine sehr häufig verwendete Gartenpflanze, der er eine heilende, unter anderem Magenbeschwerden lindernde Wirkung zuschreibt.

Kloster Isenhagen

Ein besonderes Kleinod des Klosters Isenhagen ist der Klostergarten. 2003/2004 konnte das Kloster zudem Fördermittel einwerben, um die Wiederherstellung der historischen Gartenstruktur zu ermöglichen. Heute erscheint der Garten auf der Grundlage der Konzeption von 1750 als Obst- und Gemüsegarten mit barocker Struktur. Zweimal im Jahr lädt das Kloster zu speziellen „Gartentagen" ein, bei denen interessierte Besucher die ganze Pracht des Gartens in seinem früh- oder spätsommerlichen Gewand bewundern können.

Kartoffel-Birnen-Puffer mit Birnenkompott

Zutaten (für 4 Portionen)

6 feste Birnen
1 EL Zitronensaft
500 ml trockner Weißwein
Schale von ½ unbehandelten Zitrone
½ Stange Zimt
2 EL Zucker
5 EL Birnendicksaft
1 Stängel Zitronenmelisse
450 g Kartoffeln
Salz
Pfeffer
4 EL Öl
60 g Butter

Zubereitung

4 Birnen waschen, schälen, Blüten ausstechen und die Stiele zur Hälfte abschneiden. Mit Zitronensaft beträufeln.

500 Milliliter Wasser, Weißwein, Zitronenschale, Zimt, Zucker, Birnendicksaft und Melisse in einen nicht zu großen Topf geben, aufkochen und ca. 15 Minuten köcheln lassen. Birnen zufügen und bei schwacher Hitze ca. 15 Minuten sanft garen. Birnen herausnehmen, den Sud über einem Sieb abgießen und bei mittlerer Hitze dicklich einkochen. Abkühlen lassen.

Kartoffeln und restliche Birnen waschen und schälen. Birnen halbieren, Kerngehäuse entfernen. Kartoffeln wie Birnen in sehr feine Streifen schneiden. Ein Sieb mit einem Küchentuch auslegen. Kartoffeln und Birnen darin abtropfen lassen. Anschließend in eine Schüssel geben, vorsichtig mischen, mit Salz und Pfeffer würzen.

In einer großen Pfanne Öl und Butter erhitzen, die Hälfte der Mischung zugeben und auf beiden Seiten knusprig backen. Auf ein Gitter zum Abtropfen legen und warm stellen. Mit der restlichen Mischung ebenso verfahren.

Mit einem Ausstecher Kreise ausstechen und auf vorgewärmten Tellern anrichten. Die Birnen auf Desserttellern mit den Stielen nach oben anrichten. Den Saft darüber träufeln und mit der Zitronenmelisse garnieren.

Tipp Die Kartoffel-Birnen-Puffer schmecken auch köstlich als Beilage zu Wildgerichten.

Pilzpfannkuchen

Zutaten (für 4 Portionen)

400 g braune Champignons
1 Zwiebel
1 Knoblauchzehe
1 Bund Petersilie
3 EL Margarine
Salz, frisch gemahlener Pfeffer
2 Eier
200 g Crème fraîche
140 g Mehl

Zubereitung

Pilze putzen und grob würfeln. Zwiebel und Knoblauch schälen und fein würfeln. Petersilie waschen, trocken schütteln, Blättchen von den Stängeln zupfen und hacken. 2 Esslöffel Margarine in einer Pfanne erhitzen. Pilze, Zwiebel und Knoblauch zugeben, mit Salz und Pfeffer abschmek-ken und bei mittlerer Hitze schmoren, bis die Feuchtigkeit vollständig verdampft ist. Die Hälfte der Petersilie unter die Pilze mischen. Backofen auf 200 °C (Umluft: 180 °C) vorheizen.

Eier trennen, Eiweiß mit dem Handrührer steif schlagen. Eigelb, Crème fraîche und Mehl zu einem glatten Teig verrühren, Eischnee unterheben. Pilzmasse zum Pfannkuchenteig geben und vorsichtig unterrühren.

Restliche Margarine in einer Pfanne erhitzen, Pfannkuchenteig in die Pfanne geben und im Backofen ca. 10 Minuten backen. Pfanne aus dem Backofen nehmen, Pfannkuchen vierteln und wenden, wieder in den Ofen stellen und weitere ca. 10 Minuten backen. Pfannkuchen mit restlicher Petersilie bestreut servieren. Dazu schmeckt Tomatensalat.

Dinkelfladen

Zutaten (für 4 Portionen)

150 g Dinkel (gemahlen)
100 g Mehl
20 g Sonnenblumenkerne (geschrotet)
1 Würfel Hefe
Salz

Olivenöl
8 Tomaten
4 Oliven
300 g Blauschimmelkäse
300 g Spinat

frisch gemahlener Pfeffer
getrockneter Oregano
100 g Knoblauch
1 Bund Basilikum

Zubereitung

Dinkel, Mehl, Sonnenblumenkerne, Hefe, 1 Prise Salz, 2 Esslöffel Olivenöl und 125 Milliliter lauwarmes Wasser zu einem glatten Teig verarbeiten und ca. 2–3 Stunden ruhen lassen.

Tomaten überbrühen, häuten, vierteln, vom Stielansatz befreien und entkernen. Oliven fein hacken. Käse in Scheiben schneiden. Backofen auf 220 °C (Umluft: 200 °C) vorheizen.

Spinat ca. 1 Minute in kochendes Salzwasser geben, herausholen und kurz in Eiswasser abschrecken. Aus dem Teig vier gleich große Teile schneiden, auf einer mit Mehl bestäubten Arbeitsfläche rund ausrollen. Mit Spinat, Tomaten, Oliven und Käse belegen. Mit etwas Salz, Pfeffer und Oregano gut würzen, mit geriebenem Knoblauch bestreuen. Basilikum waschen, trocken schütteln und Blättchen von den Stängeln zupfen. Fladen damit garnieren.

Dinkelfladen auf ein mit Backpapier ausgelegtes Backblech legen und im vorgeheizten Backofen ca. 15 Minuten backen, bis der Unterboden fest ist.

Fladen herausnehmen, mit etwas Olivenöl beträufeln und evtl. mit etwas Pfeffer nachwürzen.

Sommerlicher Gemüsekuchen

Zutaten (für 4 Portionen)

200 g Mehl, 1-2 TL Zucker
1 TL Salz
7 g Trockenhefe
2 EL Öl
Fett für die Form

300 g Zucchini
1 EL Butterschmalz
250 ml Milch
50 g geriebener Käse
frisch gemahlener Pfeffer

etwas frisch geriebener Muskat
200 g Quark
1 Ei
50 g Brunnenkresse
300 g Erbsen (TK-Produkt)

Zubereitung

Mehl in eine Schüssel sieben. Zucker, 1 Teelöffel Salz und Hefe zufügen. 125 Milliliter lauwarmes Wasser und Öl zugeben und mit den Knethaken eines Handrührers zu einem geschmeidigen Teig verarbeiten. Teig zugedeckt an einem warmen Ort ca. 1 Stunde gehen lassen.

Teig in eine gefettete Spring- oder Quicheform (32 Zentimeter Durchmesser) drücken, dabei einen kleinen Rand formen. Backofen auf 200 °C (Umluft: 180 °C) vorheizen.

Zucchini waschen, putzen und in Scheiben schneiden. Einen gehäuften Esslöffel Butterschmalz in einem kleinen Topf zergehen lassen. Einen gehäuften Esslöffel Mehl dazugeben und mit dem Schneebesen verrühren. Hitze reduzieren und eine Minute köcheln lassen. 250 Milliliter Milch in den Topf gießen und unter Rühren aufkochen. 10 Minuten bei geringer Hitze köcheln lassen. Käse, Quark und Ei unterrühren. Mit Salz, Pfeffer und Muskat abschmecken.

Brunnenkresse waschen, trocken schütteln, grob hacken und zusammen mit den Zucchinischeiben und Erbsen unter die Masse heben. Die Gemüsemischung auf dem Teig verteilen und im vorgeheizten Backofen ca. 40 Minuten backen.

Kartoffelauflauf

Zutaten (für 2 Portionen)

500 g Kartoffeln
40 g Zwiebel
2–3 Stängel Thymian
2–3 Stängel Basilikum
50 g Butter
Salz
frisch gemahlener Pfeffer

Zubereitung

Kartoffeln waschen, schälen und in Scheiben schneiden. Auflaufform mit der Hälfte der Kartoffelscheiben auslegen.

Den Ofen auf 220 °C (Umluft: 200 °C) vorheizen. Zwiebel schälen und in kleine Würfel schneiden. Thymian und Basilikum waschen, trocken schütteln, Blättchen von den Stängeln zupfen und klein schneiden. Butter in einer kleinen Pfanne oder in der Mikrowelle zum Schmelzen bringen. Eine kleine Auflaufform mit ca. 1 Teelöffel der flüssigen Butter bestreichen. Zur restlichen Butter die Zwiebel, Thymian, Basilikum, Salz und Pfeffer zufügen. Hälfte der Zwiebel-Kräuter-Mischung über die Kartoffelscheiben geben. Das Ganze mit einer weiteren Schicht wiederholen.

Form abdecken und für ca. 30 Minuten in den vorgeheizten Backofen geben.

Abdeckung von der Form nehmen und den Backvorgang für ca. 30 weitere Minuten fortsetzen, bis die Kartoffeln zart und an den äußeren Ecken braun sind.

Kartoffel-Birnen-Gratin

Zutaten (für 3 Portionen)

800 g Kartoffeln
3 Birnen
Saft von ½ Zitrone
2 Zwiebeln
2 EL Butter
3 Eier
160 g Sahne
Salz
frisch gemahlener Pfeffer
15 Salbeiblätter

Zubereitung

Backofen auf 180 °C (Umluft: 160 °C) vorheizen. Kartoffeln schälen, in dünne Scheiben schneiden und in kaltes Wasser legen. Birnen waschen, schälen, vierteln, Kerngehäuse entfernen und längs in feine Scheiben schneiden. Mit Zitronensaft beträufeln. Zwiebeln schälen und sehr fein würfeln.

Butter in einer Pfanne erhitzen und Zwiebeln darin glasig dünsten. In eine flache runde Auflaufform geben. Kartoffeln mit Küchenkrepp trocken tupfen. Abwechselnd mit den Birnen kreisförmig in die Form schichten.

Eier und Sahne mit dem Schneebesen schaumig rühren, mit Salz und Pfeffer kräftig würzen. Salbeiblätter waschen, trocken tupfen, in feine Streifen schneiden und unterrühren. Gleichmäßig über die Kartoffeln und Birnen gießen. Ca. 25 Minuten im vorgeheizten Backofen backen. Sollte die Oberfläche zu braun werden, mit Alufolie abdecken. Mit einem spitzen Messer prüfen, ob die Kartoffeln gar sind.

Tipp Das Gratin schmeckt wahlweise auch mit Zucchini oder Möhrenscheiben sehr gut. Die Möhren müssen allerdings zuvor ca. 1 Minute blanchiert werden.

Für Gäste können Sie das Gratin auch in Portionsförmchen zubereiten. Achten Sie darauf, dass die Kartoffeln ausreichend von der Eier-Sahne-Mischung umgeben sind, sonst bleiben sie hart und trocken.

Gratiniertes Gemüse mit Brunnenkresse

Zutaten (für 2 Portionen)

2 Fenchelknollen
2 EL Olivenöl
Salz
frisch gemahlener Pfeffer
2 Zucchini
2 Tomaten
40 g Gouda
50 g Brunnenkresse

Zubereitung

Fenchel putzen, waschen, in ca. 3 Millimeter dicke Scheiben schneiden, dann diese in dünne Streifen schneiden.

In einer Pfanne Öl erhitzen, Fenchel darin unter Rühren anbraten, salzen und pfeffern. Zugedeckt bei mittlerer Hitze in ca. 8 Minuten bissfest dünsten. Bei Bedarf etwas Wasser zugießen.

Backofen auf 200 °C (Umluft: 180 °C) vorheizen. Zucchini waschen, Enden entfernen und in dünne Scheiben schneiden. Nach ca. 4 Minuten zum Fenchel geben und mitdünsten. Eine Auflaufform einfetten und Gemüse hineingeben.

Tomaten heiß überbrühen, häuten, Stielansätze entfernen und klein schneiden. In die Auflaufform geben, salzen und pfeffern. Den Käse in kleine Würfel schneiden und auf dem Gemüse verteilen. Im vorgeheizten Backofen (mittlere Schiene) ca. 10 Minuten überbacken, bis der Käse zerlaufen ist.

Inzwischen die Brunnenkresse verlesen, waschen, trocken schütteln und die Blättchen grob hacken. Über dem fertigen Gratin verteilen und servieren. Das Gratin schmeckt zu Fisch und Fleisch ebenso gut wie zu Kartoffeln oder – eine einfache Variante – zu Brot.

Bärlauchpüree mit Austernpilzen

Zutaten (für 4 Portionen)

1,2 kg mehlig kochende Kartoffeln
Salz
400 g Austernpilze
½ Bund Petersilie
2 EL Olivenöl
2–3 EL Crème fraîche
frisch gemahlener Pfeffer
200 g Bärlauch
1 EL Butter
400 ml Milch
etwas frisch geriebener Muskat

Zubereitung

Kartoffeln schälen, waschen und achteln. In einem Topf mit wenig Salzwasser in ca. 10–15 Minuten weich kochen.

Pilze bei Bedarf mit einem Pinsel oder Küchenkrepp säubern, in Streifen schneiden. Petersilie waschen, trocken schütteln, Blätter von den Stängeln zupfen und hacken. Öl in einer Pfanne erhitzen, die Pilze darin bei mittlerer Hitze ca. 5–7 Minuten unter Rühren anbraten. Petersilie und Crème fraîche zufügen und mit Salz und Pfeffer abschmecken.

Bärlauch waschen, trocken schütteln, Stiele abzupfen und in feine Streifen schneiden. In einem Topf die Butter erhitzen, Bärlauch darin andünsten, bis er zusammenfällt, anschließend mit dem Stabmixer pürieren. Milch angießen und erhitzen.

Fertige Kartoffeln abgießen und mit dem Kartoffelstampfer zerdrücken. Die Bärlauchmilch unterrühren und mit Salz und Muskat würzen. Das Bärlauchpüree auf 4 Tellern anrichten und mit den Pilzen servieren.

Gegrillte Auberginen mit Zwiebel-Minz-Aufstrich

Zutaten (für 4 Portionen)

125 g Butter
5 Frühlingszwiebeln
8–10 Stängel Minze
1 TL Paprikapulver
½ TL Kreuzkümmel
Salz
frisch gemahlener Pfeffer
4 kleine Auberginen (à 150–200 g)

Zubereitung

Butter in eine kleine Rührschüssel geben und mit Schneebesen oder Handrührer in ca. 5 Minuten weiß-schaumig schlagen.

Frühlingszwiebeln und Minze waschen. Frühlingszwiebeln in feine Ringe schneiden, Minzeblätter von den Stängeln zupfen und klein schneiden.

Kräuter mit der Butter mischen und mit Paprikapulver, Kreuzkümmel, Salz und Pfeffer kräftig abschmecken. Auberginen waschen, die Enden abschneiden und der Länge nach in ca. 1 Zentimeter dicke Scheiben schneiden.

Auberginenscheiben ca. 10–12 Minuten in einer Grillpfanne oder auf einem Grill grillen, dabei ab und zu wenden. Gegrillte Auberginenscheiben mit der Zwiebel-Minz-Mischung bestreichen und servieren.

Tomatentörtchen

Zutaten (für 10 Stück)

250 g Vollkornmehl
400 g Quark
1 TL Salz
½ TL getrockneter Majoran
5 EL Öl
50 g Joghurt
2 EL Tomatenmark
frisch gemahlener Pfeffer
2 Frühlingszwiebeln
200 g Kirschtomaten
1 EL geriebener Käse
Basilikum zum Garnieren

Zubereitung

Mehl, 150 Gramm Quark, ½ Teelöffel Salz, Majoran und Öl mit den Knethaken eines Handrührers verkneten. In Klarsichtfolie wickeln und ca. 30 Minuten bei Zimmertemperatur ruhen lassen.

Backofen auf 200 °C (Umluft: 180 °C) vorheizen. Teig ca. 4 Millimeter dick ausrollen und Kreise von ca. 10 Zentimeter Durchmesser ausstechen. Einzeln in die Mulden einer Muffinform legen. 250 Gramm Quark, Joghurt und Tomatenmark glatt rühren, mit Salz und Pfeffer abschmecken und in die Törtchen füllen.

Frühlingszwiebeln putzen und in feine Ringe schneiden. Cocktailtomaten waschen und halbieren. Gemüse auf den Törtchen verteilen. Mit Käse bestreuen und im vorgeheizten Backofen ca. 20–25 Minuten backen. Mit Basilikum garnieren und servieren.

Scharfe Rosenkohl-Reis-Pfanne

Zutaten (für 4 Portionen)

300 g Basmatireis
2 Zwiebeln
4 EL Olivenöl
2 TL Currypulver
2 TL Kurkuma
600 ml Gemüsebrühe
800 g Rosenkohl
1 TL Cayennepfeffer
200 g saure Sahne
Kräutersalz
frisch gemahlener Pfeffer

Zubereitung

Reis waschen und abtropfen lassen. Zwiebeln schälen und in Würfel schneiden.

1 Esslöffel Öl erhitzen, die Zwiebel darin glasig anbraten. Curry, Kurkuma und Reis zugeben und alles kurz anbraten. Mit der Gemüsebrühe ablöschen und zugedeckt bei mittlerer Hitze in ca. 20 Minuten gar kochen.

Rosenkohl putzen, waschen und evtl. längs halbieren. 1 Esslöffel Öl in einer großen Pfanne erhitzen. Rosenkohl und Cayennepfeffer zugeben und unter Rühren kurz anbraten. Mit 150 Millilitern Salzwasser ablöschen und zugedeckt in ca. 8–10 Minuten noch bissfest schmoren. Reis und saure Sahne unterheben, mit Kräutersalz und Pfeffer abschmecken.

Klosterwissen

Der Rosenkohl zog im späten 16. Jahrhundert in die europäischen Klostergärten ein und erlangte seitdem zunehmende Beliebtheit als Wintergemüse. Im Gemüsegarten eines mittelalterlichen Klos-ters wurden u. a. folgende Gemüsesorten angebaut: Amarant, Artischocke, Endivie, Feldsalat, Gurke, Karotte, Kohl, Kürbis, Lauch, Rote Rübe, Schwarzwurzel, Spinat, Portulak, Zwiebel.

Zwiebelkuchen

Zutaten (für 12 Stück)

10 Zwiebeln
100 g Butter
300 g Mehl
4 TL Backpulver
200 ml Buttermilch
Salz
450 g saure Sahne
200 g geriebener Käse
6 Eier
1–2 TL Kümmel
frisch gemahlener Pfeffer
etwas frisch geriebener Muskat
200 g durchwachsener Speck
1 EL gehackte Petersilie

Zubereitung

Zwiebeln schälen und grob in Ringe schneiden. 50 Gramm Butter in einem Topf erhitzen und die Zwiebeln darin unter mehrmaligem Rühren ca. 30 Minuten andünsten.

Backofen auf 200 °C (Umluft: 180 °C) vorheizen. Mehl und Backpulver in eine Schüssel geben. Restliche Butter, Buttermilch und 1 Prise Salz zugeben und alles gut verkneten. Teig auf einem gefetteten Backblech ausrollen.

Saure Sahne cremig rühren und mit dem Käse vermengen. Die Masse mit den Eiern verrühren und mit den gedünsteten Zwiebeln vermengen. Die Zwiebelmasse mit Kümmel, Salz, Pfeffer und Muskat pikant würzen und auf dem Teig verteilen. Mit Speckstreifen belegen. Zwiebelkuchen im vorgeheizten Backofen ca. 45 Minuten backen. Mit gehackter Petersilie bestreut servieren.

Pilz-Wirsing-Strudel

Zutaten (für 4 Portionen)

120 g Mehl
2 EL Öl, Salz
600 g Wirsing
300 g braune Champignons
2 Knoblauchzehen
abgeriebene Schale von 1 unbehandelten Zitrone
Saft von 1 Zitrone
1 Ei
etwas frisch geriebener Muskat
frisch gemahlener Pfeffer
2 TL Sesam oder Sonnenblumenkerne
1 Zwiebel
350 ml Gemüsebrühe
50 ml Milch
2–3 EL heller Soßenbinder
½ Bund Basilikum
½ Bund glatte Petersilie
1 rote Bete

Zubereitung

Mehl mit 1 Esslöffel Öl, 1 Teelöffel Salz und 100 Milliliter lauwarmem Wasser verkneten, in Frischhaltefolie einwickeln und ca. 2 Stunden ruhen lassen. Wirsing waschen, putzen und in feine Streifen schneiden. Champignons putzen und in Scheiben schneiden. Knoblauch schälen und fein hacken. Restliches Öl in einer beschichteten Pfanne erhitzen. Wirsing, Champignons und Knoblauch darin andünsten. Zugedeckt bei geringer Hitze ca. 8 Minuten garen. Abkühlen lassen. Zitronenschale abreiben und Saft auspressen. Zitronenschale und Ei unter den Wirsing rühren und mit Muskat, Salz und Pfeffer würzen. Backofen auf 200 °C (Umluft: 180 °C) vorheizen.

Teig auf einem leicht bemehlten Baumwolltuch dünn ausrollen (ca. 35x25 Zentimeter), Füllung gleichmäßig darauf verteilen, die Enden einschlagen und von der Längsseite nach oben hin aufrollen. Den Strudel vorsichtig mit der Umschlagnaht nach unten auf ein mit Backpapier belegtes Backblech setzen. Oberfläche mit Wasser bestreichen und mit 1 Teelöffel Sesam oder Sonnenblumenkernen bestreuen. Im vorgeheizten Backofen ca. 30 Minuten backen.

Zwiebel schälen, fein würfeln und mit der Gemüsebrühe und der Milch ca. 5 Minuten kochen. Soße mit Soßenbinder binden und mit 1 Teelöffel Zitronensaft, Salz und Pfeffer abschmecken. Kräuterblättchen abzupfen, waschen, trocken tupfen und fein hacken. Vor dem Servieren unter die Soße rühren. Rote Bete schälen und grob raspeln. Mit Salz, Pfeffer und restlichem Zitronensaft abschmecken, übrigen Sesam oder Sonnenblumenkerne zufügen. Strudel in 12 Stücke schneiden und mit der Soße und Rote-Bete-Rohkost auf Tellern anrichten.

Kloster Ettal

Neben einem Gymnasium mit Internat verfügt das Kloster über eine Landwirtschaft mit Schwerpunkt Milchwirtschaft, eine Klostergärtnerei sowie eine Klosterbrauerei (seit 400 Jahren) und eine Destillerie. Zu beiden Einrichtungen gehört ein kleines Museum, das zusammen mit der Destillerie besichtigt werden kann. Erwerben lassen sich die Produkte im Klostermarkt oder im Onlineshop. Abgerundet wird das Angebot an landwirtschaftlichen Produkten vom Käse, der in einer Käsereigenossenschaft hergestellt wird. Durch große Fensterscheiben im Verkaufsraum der Käserei können interessierte Besucher dem Käser bei der handwerklichen Arbeit zusehen.

Käseknödel

Zutaten (für 4 Portionen)

250 g Kartoffeln
Salz, 2 Eigelb
1–2 EL Kartoffelstärke
20 g braune Butter
etwas frisch geriebener Muskat
300 g Blauschimmelkäse

Zubereitung

Kartoffeln schälen, waschen und über leicht gesalzenem Wasser dämpfen. Kartoffeln leicht auskühlen lassen.

Kartoffeln durch eine Kartoffelpresse drücken. Eigelb, Kartoffelstärke und braune Butter unter die lauwarme Kartoffelmasse mischen. Mit Salz und Muskat gut abschmecken. Aus der Kartoffelmasse handgroße Knödel formen.

Käse mit einer Gabel zu einem homogenen Teig verarbeiten. Aus dem Teig kleine Klößchen ausstechen.

Die Kartoffelknödel in der Handfläche auseinanderdrücken und die Käseklößchen hineinsetzen. Mit Knödelteigmasse umhüllen und zu einem runden Knödel drehen.

Knödel in einen Topf mit leicht gesalzenem Wasser legen und kurz aufkochen lassen. Temperatur zurückdrehen und ca. 10 Minuten ziehen lassen.

Tipp Braune Butter lässt sich ganz einfach selbst herstellen. Dafür in einer kleinen Pfanne die Butter sanft erhitzen, bis sie zu schäumen beginnt. Dann vorsichtig bei mäßiger Hitze so lange köcheln lassen, bis kleine braune Bröselchen an die Oberfläche steigen. Den Topf vom Herd nehmen und die Butter etwas abkühlen lassen. Ein feines Sieb mit etwas Küchenpapier auslegen und die braune Butter durch das Sieb filtern.

Mit brauner Butter kann man Gemüse, Nudeln oder Soßen mit einem köstlichen Buttergeschmack verfeinern.

„So speicherte Josef Getreide in sehr großer
Menge auf, wie Sand am Meer,
bis man aufhören musste, es zu messen,
weil man es nicht mehr messen konnte."

(1. Mose 41,48)

Reis- und Nudelgerichte

Schupfnudeln mit Sauerkraut und Speck

Zutaten (für 4 Portionen)

50 g durchwachsener Speck
3–4 EL Öl
1 Zwiebel
3 Nelken
500 g frisches Sauerkraut
1 EL Wacholderbeeren

1 Lorbeerblatt
1 Prise gemahlener Kümmel
½ TL getrockneter Majoran
125 ml Fleischfond
125 ml Weißwein
2 TL Salz

1 kg mehlig kochende Kartoffeln
125 g Mehl
2 EL Speisestärke
1 Eigelb
frisch geriebener Muskat

Zubereitung

Speck würfeln. 1 Esslöffel Öl in einer Pfanne erhitzen und Speck darin anbraten. Zwiebel schälen und mit Nelken spicken. Sauerkraut, Zwiebel, Wacholderbeeren, Lorbeerblatt, Kümmel und Majoran zugeben. Fleischfond und Wein zugießen und aufkochen. Sauerkraut bei schwacher Hitze ca. 30 Minuten garen. Kartoffeln waschen und zugedeckt ca. 20 Minuten im heißen Salzwasser kochen lassen. Dann abgießen, unter kaltem Wasser abschrecken und pellen. Die noch heißen Kartoffeln durch eine Kartoffelpresse drücken. Mehl, Speisestärke, Eigelb, 1 gestrichenen Teelöffel Salz und eine Prise Muskat dazu geben. Alles zu einem festen glatten Teig verrühren und ca. 20 Minuten ruhen lassen. Kartoffelteig auf einer bemehlten Fläche zu fingerdicken Rollen (ca. 30 Zentimeter) formen und 5 Zentimeter lange Stücke abschneiden. Mit bemehlten Händen Fingernudeln (Schupfnudeln) formen. Salzwasser in einem Topf kochen lassen. Die Schupfnudeln in zwei Durchgängen ins Salzwasser geben und bei schwacher Hitze ca. 5 Minuten gar ziehen lassen. Wenn die Schupfnudeln an der Oberfläche schwimmen herausnehmen und auf einem sauberen Geschirrtuch abtropfen lassen. Restliches Öl in einer Pfanne erhitzen und Schupfnudeln von allen Seiten goldbraun braten. Zum Kraut servieren.

Nudelfleckerl

Zutaten (für 4 Portionen)

1 Kohlrabi
1 Stange Lauch
1 Zwiebel
1–2 EL Butter
50 ml Brühe
100 g Sahne
150 g Spinat

Salz
frisch gemahlener Pfeffer
etwas frisch geriebener Muskat
250 g Mehl
50 g Hartweizengrieß
2 Eier
2 Eigelb

2 EL Öl
25 g gehackte Kräuter (z. B. Petersilie, Kerbel, Salbei, Thymian)
150 g Blauschimmelkäse

Zubereitung

Kohlrabi und Lauch putzen, waschen und in gleich große Würfel schneiden. Zwiebel schälen und fein würfeln.

Butter in einem Topf erhitzen, Zwiebel darin leicht anschwitzen. Kohlrabi und Lauch zugeben und mit Brühe ablöschen. Sahne zugießen und alles zugedeckt weich dünsten.

Spinat ca. 1 Minute in kochendes Salzwasser geben, herausholen und kurz in Eiswasser abschrecken. Spinat fein hacken, zugeben, alles gut durchmischen und mit Salz, Pfeffer und Muskat abschmecken.

Mehl, Hartweizengrieß, Eier, Eigelb, Öl, ½ Teelöffel Salz und Kräuter gut verkneten. Auf ca. 1 Millimeter ausrollen und in ca. 3 Zentimeter breite Rauten schneiden. Leicht gesalzenes Wasser zum Kochen bringen und Nudeln darin bissfest kochen. Kurz mit lauwarmem Wasser abschrecken.

Blauschimmelkäse in Würfel schneiden und unter das Rahmgemüse mischen. Sofort servieren.

Ravioli mit Estragon-Käse-Füllung

Zutaten (für 4 Portionen)

180 g Mehl
4 Eigelb
4 TL Öl
1–2 Bund Estragon
200 g Frischkäse
frisch gemahlener Pfeffer
Salz
4 Tomaten
2 EL Butterschmalz

Zubereitung

Mehl, Eigelb, Öl und 60 Milliliter Wasser zu einem glatten Teig verkneten. In Folie wickeln und ca. 30 Minuten kalt stellen.

Estragon waschen, trocken schütteln und Blättchen von den Stängeln zupfen. Einige Blättchen zum Garnieren aufheben. Rest klein schneiden und unter den Frischkäse rühren. Mit Pfeffer und Salz abschmecken. Tomaten kurz in kochendes Wasser tauchen und anschließend kalt abschrecken. Tomaten häuten, entkernen und würfeln.

Teig auf einer bemehlten Arbeitsfläche ausrollen. 48 Quadrate von je 6 Zentimetern Seitenlänge ausschneiden und die Estragon-Käse-Masse auf 24 Quadraten verteilen. Ränder mit Wasser befeuchten und die restlichen Quadrate auf die Füllung legen. Ränder dabei gut andrücken. Fertige Ravioli in reichlich kochendes Salzwasser geben und 5–6 Minuten bei mittlerer Hitze garen.

Tomatenwürfel im Butterschmalz anschwitzen, mit Salz und Pfeffer abschmecken und zu den Ravioli servieren. Mit restlichem Estragon garnieren.

Klosterwissen

Das Staudenkraut Estragon wird aufgrund seines lateinischen Namens „Artemisia dracunculus" auch als „Drachenkraut" bezeichnet. Dieser stammt wohl von dem Volksaberglauben her, das Kraut habe die Macht, Drachen zu bannen und Schlangenbisse zu heilen. Im Klostergarten wurde der Estragon in Kombination mit anderen Staudengewächsen wie Zitronenmelisse in der Nähe von Rosen und Pfingstrosen angebaut.

Muschelnudeln mit Birnen und Gorgonzola-Sahne

Zutaten (für 6 Portionen)

80 g Walnüsse
3 Knoblauchzehen
Salz
350 g Gorgonzola
250 g Crème fraîche
300 g Sahne, Cayennepfeffer
4 Birnen
500 g Muschelnudeln
1 TL gehackter Thymian
1 TL gehackter Rosmarin
frisch gemahlener Pfeffer
Schnittlauchröllchen zum Garnieren

Zubereitung

Walnüsse hacken und ohne Fett in der Pfanne rösten. Knoblauch schälen und mit der flachen Seite eines Messers zusammen mit einer Prise Salz zerdrücken.

Käse in Würfel schneiden. Crème fraîche, Sahne, Käse, Knoblauch und Cayennepfeffer in eine tiefe Pfanne geben und unter ständigem Rühren aufkochen. Ca. 10–15 Minuten köcheln lassen, bis eine sämige Soße entsteht.

Birnen waschen, schälen, halbieren, Kerngehäuse entfernen und Birnen in ca. 2 Zentimeter dicke Würfel schneiden. In einem großen Topf mit reichlich Salzwasser die Nudeln bissfest garen. Über einem Sieb abgießen und gut abtropfen lassen.

Sahnesoße erneut aufkochen, bis der Käse vollständig geschmolzen ist. Walnüsse, Thymian und Rosmarin zugeben. Nudeln in eine große Schüssel geben und mit der Soße vermischen. Salzen, pfeffern und mit Schnittlauch garnieren. Heiß servieren.

Kloster Maulbronn

Mönche aus dem Kloster Maulbronn sind laut einer Legende auch die Erfinder der schwäbischen Maultasche. Sie sollen in der Fastenzeit Fleisch geschenkt bekommen haben und wollten dies als gute Mönche (und Schwaben) nicht verderben lassen. So hackten sie das Fleisch klein, mischten es mit Kräutern und umgaben die Mischung mit einem Teigmantel, damit das Fleisch nicht sichtbar war. Im Volksmund wurden die Teigtaschen nach dem Namen des Klosters schließlich als „Maultaschen" bekannt. Ein scherzhafter Name lautet zudem „Herrgottsbscheißerle".

Schwäbische Maultaschen

Zutaten (für 4 Portionen)

300 g Mehl
3 Eier
6 TL Öl
Salz
etwas frisch geriebener Muskat
1 Zwiebel, 1 Bund Petersilie
250 g Blattspinat
1 Brötchen vom Vortag
250 g Hackfleisch

Zubereitung

Mehl, 2 Eier, 1 Teelöffel Öl, Salz und etwas Muskat zu einem geschmeidigen Nudelteig kneten.

Zwiebel schälen und in kleine Würfel schneiden. Petersilie waschen, trocken schütteln, Blätter von den Stängeln zupfen und fein hacken. Restliches Öl in einer Pfanne erhitzen und Zwiebeln und Petersilie glasig anschwitzen.

Blattspinat kurz in heißes Salzwasser geben, kalt abschrecken und gut abtropfen lassen. Spinat fein hacken. Brötchen in kaltem Wasser einweichen, dann gut ausdrücken und in Stückchen teilen. Hackfleisch mit 1 Ei, Salz und Muskat vermengen. Dann die anderen Zutaten zugeben und alles gut vermischen.

Nudelteig auf einer bemehlten Arbeitsfläche zu einem Rechteck ausrollen und in kleinere Rechtecke schneiden. Von der Füllung jeweils etwas auf eine Hälfte der Rechtecke verteilen, dann die andere Teighälfte darüber schlagen und erst leicht andrücken, damit die Luft entweicht, dann fest andrücken. In reichlich kochendem Salzwasser aufkochen, dann bei kleiner Hitze ca. 20 Minuten gar ziehen lassen. Mit einem Schaumlöffel herausnehmen und abtropfen lassen.

Tipp Schneller geht es, wenn man die gesamte Füllung auf die Hälfte der ausgerollten Teigplatte streicht, die andere Hälfte darüber schlägt und mit den Händen darüber streicht, damit die Luft entweichen kann. Dann mit einem Kochlöffelstiel im Abstand von ca. 7 Zentimetern längs und quer Linien eindrücken, diese Linien mit dem Messer oder Teigrädchen durchschneiden und Ränder fest andrücken.

Reis-Lauch-Gratin

Zutaten (für 4 Portionen)

500 g Lauch
2 EL Butter
250 g Reis
500 ml Gemüsebrühe
200 g Salami
2 Stängel Liebstöckel
6 Tomaten
200 g Gouda
Fett für die Form

Zubereitung

Lauch putzen, längs halbieren, waschen und in Ringe schneiden. In Butter ca. 5–10 Minuten weich dünsten (nicht bräunen). Reis zugeben und ca. 2 Minuten mitdünsten. Heiße Brühe angießen und umrühren. Im geschlossenen Topf ca. 15 Minuten garen.

Backofen auf 200 °C (Umluft: 180 °C) vorheizen. Salami in feine Streifen schneiden. Liebstöckel waschen, trocken schütteln, die Blätter von den Stängeln zupfen und fein hacken. Tomaten waschen, vom Stielansatz befreien und in Scheiben schneiden. Käse reiben. Auflaufformen einfetten.

Salami und die Hälfte vom geriebenen Käse unter den Reis geben. Sofort in die Auflaufform füllen. Mit Tomatenscheiben und Liebstöckel belegen. Restlichen Käse darüber streuen.

Auflauf auf der mittleren Schiene im vorgeheizten Backofen ca. 15–20 Minuten überbacken.

Ravioli mit Dörrbirnenfüllung

Zutaten (für 4 Portionen)

6 Eier
500 g Dinkelmehl
1 TL Salz
2 EL Olivenöl
150 g getrocknete Birnen
100 g Ricotta
40 g Ziegenfrischkäse
2 Stängel Salbei
2 Zwiebeln
2 Knoblauchzehen
60 g Butter
Parmesan

Zubereitung

4 Eier trennen. Dabei zwei Eiweiß beiseite stellen. 4 Eigelb, 2 Eier, Mehl, Salz und 1 Esslöffel Olivenöl auf eine Arbeitsfläche geben und gut vermengen. So viel Wasser zugeben, dass ein geschmeidiger Teig entsteht. Zugedeckt ca. 30 Minuten ruhen lassen.

Birnen in wenig Wasser weich kochen. Wasser abgießen und Birnen abtropfen lassen. Früchte äußerst fein hacken. Ricotta und Ziegenfrischkäse mit den Birnen vermengen. Sollte die Füllung zu trocken sein, etwas Olivenöl zufügen.

Salbei waschen, trocken schütteln, Blätter von den Stängeln zupfen und fein hacken. Zwiebeln und Knoblauchzehen schälen und sehr fein würfeln, beides in Butter glasig dünsten. Salbeiblätter zufügen.

Raviolitteig möglichst dünn ausrollen und Kreise von ca. 7 Zentimetern Durchmesser ausstechen. Die Teigränder mit Eiweiß bestreichen, die Füllung in die Mitte geben und zusammenklappen. Rand mit einer Gabel gut andrücken. In reichlich Salzwasser in ca. 4–5 Minuten bissfest kochen. Mit dem Schaumlöffel aus dem Wasser nehmen.

Auf vorgewärmten Tellern anrichten und das Salbeigemisch darüber verteilen. Mit dünn gehobeltem Parmesan bestreuen und sofort servieren.

Rigatoni-Möhren-Salat mit Bärlauch

Zutaten (für 3 Portionen)

300 g Rigatoni (oder andere hohle Nudeln)
Salz
400 g Möhren
1 Zwiebel
150 g Bärlauch
150 g Joghurt
1 EL Weißweinessig
3 EL Olivenöl
1 TL mittelscharfer Senf
frisch gemahlener Pfeffer

Zubereitung

Nudeln nach Packungsangabe in kochendem Salzwasser bissfest garen. Abgießen, abschrecken und abtropfen lassen.

Möhren schälen und in ca. 4 Zentimeter lange, nicht zu dünne Stifte schneiden. Zwiebel schälen, halbieren und in ca. 5 Millimeter dicke Streifen schneiden.

Wenig Salzwasser in einem Topf erhitzen und Möhren und Zwiebeln darin bei geringer Hitze ca. 3–5 Minuten garen. Gemüse abgießen und abtropfen lassen.

Bärlauch waschen, trocken schütteln und fein hacken. Joghurt, Essig, Öl, Senf und Bärlauch im Mixer pürieren. Mit Salz und Pfeffer abschmecken.

Nudeln und Möhren-Zwiebel-Mischung in einer Schüssel mit dem Bärlauchdressing mischen und servieren.

Cannelloni mit Bärlauch-Hack-Füllung

Zutaten (für 4 Portionen)

200 g Bärlauch
2 Zwiebeln
4 EL Olivenöl
400 g gemischtes Hackfleisch
Salz
frisch gemahlener Pfeffer
Fett für die Form
1 Ei
12 Cannelloni
2 Dosen Pizzatomaten (à 400 g)
½ TL getrockneter Oregano
½ TL getrockneter Basilikum
½ TL getrockneter Thymian
100 g geriebener Emmentaler
20 g Butter

Zubereitung

Bärlauch waschen, trocken schütteln und fein hacken. Zwiebeln schälen und ebenfalls fein hacken.

In einer Pfanne Öl erhitzen. Zwiebel darin glasig dünsten, Hackfleisch zugeben und krümelig anbraten, mit Salz und Pfeffer würzen. Bärlauch zufügen und ca. 5 Minuten bei geringer Hitze mitdünsten. Die Bärlauch-Hackfleisch-Masse in eine Schüssel geben und etwas abkühlen lassen.

Backofen auf 180 °C (Umluft: 160 °C) vorheizen. Auflaufform mit Fett ausstreichen.

Ei in die Schüssel mit der Bärlauch-Hackfleisch-Masse geben und gut untermischen. Mit einem Löffel die Bärlauch-Hackfleisch-Masse in die Nudeln füllen. Nebeneinander in die Auflaufform setzen.

Gehackte Tomaten mit Salz, Pfeffer, Oregano, Basilikum und Thymian abschmecken und über die Cannelloni geben. Mit dem Käse bestreuen und die Butter in Flöckchen darauf verteilen.

Im vorgeheizten Backofen (mittlere Schiene) ca. 45 Minuten backen. Dazu schmeckt ein grüner Salat.

Bärlauchspätzle mit Schinken

Zutaten (für 3–4 Portionen)

200 g Bärlauch
400 g Mehl
Salz
4 Eier
150 g Kochschinken
30 g Butter
125 ml Weißwein
125 g Sahne
frisch gemahlener Pfeffer
4 EL geriebener Käse

Zubereitung

Bärlauch waschen und tropfnass in einen Topf mit Salzwasser geben, erhitzen und zusammenfallen lassen. Abseihen und gut ausdrücken. Mit dem Stabmixer pürieren.

Bärlauch, Mehl, Salz, Eier und ca. 125 Milliliter Wasser zu einem mittelfesten Teig verrühren und so lange schlagen, bis der Teig Blasen wirft und sich vom Schüsselrand löst. Ca. 30 Minuten ruhen lassen.

Salzwasser in einem weiten Topf erhitzen. Teig portionsweise durch einen Spätzlehobel in das siedende Wasser schaben. Wenn die Spätzle oben schwimmen, mit einer Schaumkelle herausheben, in ein Sieb geben, kurz abschrecken und abtropfen lassen.

Schinken würfeln. Butter in einer großen Pfanne erhitzen. Schinken anbraten, mit dem Wein ablöschen und etwas einkochen lassen. Sahne dazu, salzen und pfeffern, Käse einrühren. Die Spätzle in dieser Mischung gut durchschwenken und sofort in einer vorgewärmten Schüssel servieren.

Tipp Je nach Geschmack können Sie einen milden Butterkäse oder einen würzigen Bergkäse verwenden.

Wildkräuterspätzle in Käsesoße

Zutaten (für 4 Portionen)

200 g gemischte Wildkräuter (z. B. Brennnessel, Sauerampfer, Schafgarbe, Löwenzahn, Rauke, Bärlauch)
500 g Mehl
4 Eier
Salz
2 EL Olivenöl
200 g Frischkäse
200 g Sahne
frisch gemahlener Pfeffer
Cayennepfeffer

Zubereitung

Wildkräuter verlesen, waschen, trocken schleudern und fein hacken.

Mehl, Eier, Salz und ca. 500 Milliliter Wasser zu einem Teig verrühren, die Wildkräuter zufügen und den Teig so lange schlagen, bis er Blasen wirft und sich vom Schüsselrand löst. Ca. 30 Minuten ruhen lassen.

Salzwasser in einem weiten Topf erhitzen. Teig portionsweise durch einen Spätzlehobel in das siedende Wasser schaben. Wenn die Spätzle oben schwimmen, mit einer Schaumkelle herausheben, in ein Sieb geben, kurz abschrecken und abtropfen lassen.

Öl in einem Topf erhitzen, Frischkäse zufügen und bei geringer Hitze unter Rühren schmelzen. Sahne zufügen und alles kurz aufkochen. Mit Salz, Pfeffer und Cayennepfeffer abschmecken.

Spätzle auf 4 Teller verteilen und die Soße darüber geben. Dazu passt Tomatensalat.

Tipp Wildkräuterspätzle passen auch gut als Beilage zu Fleischgerichten.

Risotto mit Rauke

Zutaten (für 4 Portionen)

800 ml Gemüsebrühe
1 Zwiebel
2 EL Butter
400 g Risottoreis
100 ml Weißwein
100 g Rauke
50 g frisch geriebener Parmesan
Salz
frisch gemahlener Pfeffer

Zubereitung

Gemüsebrühe in einem Topf aufkochen, Topf beiseite stellen. Zwiebel schälen und fein hacken.

1 Esslöffel Butter erhitzen und die Zwiebel darin hellgelb dünsten. Reis nach und nach in den Topf geben und unter Rühren anbraten. Wein angießen und unter Rühren völlig einkochen lassen. So viel heiße Brühe angießen, dass der Reis gerade so bedeckt ist. Unter ständigem Rühren köcheln lassen, bis die Flüssigkeit fast verdampft ist. So fortfahren, bis der Reis gar ist, er sollte außen weich sein, innen aber noch einen kleinen bissfesten Kern haben.

Rauke waschen, trocken schütteln und in Stücke zupfen, unter den Risotto mischen und ca. 1–2 Minuten mitgaren. Den Topf von der Flamme nehmen, restliche Butter und Käse unter das Risotto ziehen. Mit Salz und Pfeffer abschmecken und servieren.

Tipp Statt Rauke können Sie auch 1 Bund frisch gehackte Petersilie oder Bärlauch unter den Risotto mischen.

Brennnessel-Graupen-Pilz-Risotto

Zutaten (für 4 Portionen)

400 g Perlgraupen
200 g Brennnesselblätter
2 Zwiebeln
4–5 EL Olivenöl
600 ml Fleischfond
400 ml Weißwein
600 g Champignons
20 g Räucherspeck
½ Bund Petersilie
Salz
frisch gemahlener Pfeffer
100 g Butter
120 g geriebener Parmesan

Zubereitung

Graupen über Nacht in kaltem Wasser einweichen.

Graupen abseihen und abtropfen lassen. Brennnesseln kurz überbrühen, waschen und in Streifen schneiden. Zwiebeln schälen und fein hacken.

Öl in einem Topf erhitzen und die Hälfte der Zwiebeln darin andünsten, die Graupen zufügen und glasig dünsten. Fond und Wein mischen und so viel angießen, dass die Graupen bedeckt sind. Unter gelegentlichem Umrühren weiterkochen, bis die Flüssigkeit eingesogen ist. Erneut von der Fond-Wein-Mischung zugießen und so fortfahren, bis die Graupen gar sind. Das dauert ca. 40 Minuten.

Inzwischen die Champignons mit Küchenkrepp säubern, in Scheiben schneiden. Speck würfeln. Petersilie waschen, trocken schütteln, Blätter von den Stängeln zupfen und hacken.

Speck in einer Pfanne ohne Fett knusprig ausbraten, aus der Pfanne nehmen und im verbliebenen Fett die Pilze anbraten, Zwiebel und Petersilie zufügen und kurz mitbraten. Speck zugeben und mit Salz und Pfeffer abschmecken.

Kurz vor dem Servieren die Butter, den Parmesan und die Brennnesseln in den Risotto rühren. Mit Salz und Pfeffer abschmecken.

Brennnessel-Graupen-Risotto auf tiefe Teller verteilen, die gebratenen Pilze darauf setzen und mit einem Salat servieren.

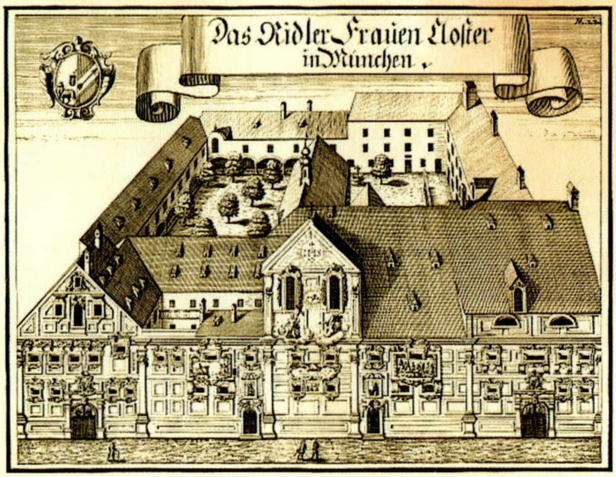

Bärlauchgemüse mit Basmatireis

Zutaten (für 3 Portionen)

200 g Basmatireis
Salz
500 g Bärlauch, 2 Zwiebeln
1 Stück frischer Ingwer (ca. 2,5–3 Zentimeter)
2 EL Öl, Cayennepfeffer
1 TL Currypulver
½ TL gemahlener Koriander
200 g Sahne

Zubereitung

Basmatireis waschen und in leicht gesalzenem Wasser nach Packungsangabe ca. 12–15 Minuten garen.

Bärlauch waschen, trocken schleudern. Zwiebeln und Ingwer schälen, Zwiebel halbieren und in dünne Streifen schneiden, Ingwer fein hacken.

In einem Topf Öl erhitzen, Zwiebel und Ingwer darin andünsten. Cayennepfeffer, Curry und Koriander zufügen und kurz mitdünsten. Bärlauch zugeben und unter Rühren zusammenfallen lassen.

Sahne angießen, aufkochen lassen, eventuell mit Salz abschmecken und zum fertigen Reis servieren.

Tortellini in Bärlauchsoße

Zutaten (für 4 Portionen)

Salz
400 g Tortellini mit Käsefüllung
150–200 g Bärlauch
1 Zwiebel
3 EL Olivenöl
125 ml Geflügelfond
500 g Sahne, 1 Prise Zucker
frisch gemahlener Pfeffer
1–2 EL Zitronensaft

Zubereitung

In einem großen Topf reichlich Salzwasser zum Kochen bringen. Die Nudeln nach Packungsangabe bissfest garen.

Bärlauch waschen, trocken schütteln und fein hacken. Zwiebel schälen und klein würfeln.

Öl in einer Pfanne erhitzen und Zwiebel darin glasig dünsten. Mit dem Fond ablöschen, Sahne angießen und cremig einkochen lassen. Mit Salz, Zucker, Pfeffer und Zitronensaft abschmecken.

Tortellini über einem Sieb abgießen, abtropfen lassen und zur Soße geben. Bärlauch einrühren und sofort auf 4 Teller verteilen und servieren. Dazu passt ein grüner Salat oder Tomatensalat.

Klosterwissen

Während heutzutage gerne Tortellini mit Bärlauch oder Spinat gegessen werden, kombinierte man in der Klosterküche früherer Jahrhunderte oftmals Weinbergschnecken zu der grünen Soße. Als „neutrale Tiere“ waren sie ein gern gesehenes Fastenessen, das außerdem einen Bezug zur christlichen Mythologie hatte. Man sah in den Tieren, die sich im Winter in ihr Haus zurückzogen und im Frühjahr wieder lebendig herauskrochen, einen Bezug zur Auferstehung Jesu Christi.

Spaghetti mit Rauke und Pilzen

Zutaten (für 4 Portionen)

100 g grüne Oliven
4 kleine rote Chilischoten
4 Knoblauchzehen
500 g gemischte Pilze in Öl
60 g Rauke
2 Stängel Minze
400 g Spaghetti
Salz
40 g Haselnussblättchen
frisch gemahlener Pfeffer
100 g Parmesan

Zubereitung

Oliven halbieren, entsteinen und grob hacken. Chilischoten längs halbieren, entkernen und fein hacken. Knoblauch schälen und durch die Presse drücken.

Pilze über einem Sieb abgießen und abtropfen lassen, dabei das Öl auffangen. Rauke und Minze waschen und trocken schütteln. Minzeblättchen von den Stielen zupfen. Rauke und Minze in feine Streifen schneiden und in eine große Servierschüssel geben.

Nudeln nach Packungsangabe in reichlich kochendem Salzwasser bissfest garen.

In einer Pfanne die Haselnussblättchen ohne Öl goldbraun rösten. Aus der Pfanne nehmen und beiseite stellen. 3 Esslöffel Pilzöl in der Pfanne erhitzen und Knoblauch und Chili darin andünsten. Pilze und Oliven zufügen und kurz mitdünsten.

Spaghetti abgießen und kurz abtropfen lassen. Haselnüsse und Pilzmischung in die Schüssel mit der Rauke und Minze geben. Nudeln unterheben und mit Salz und Pfeffer abschmecken. Parmesan darüber hobeln.

Selbst gemachte Wildkräuterravioli

Zutaten (für 4 Portionen)

400 g Mehl
Salz
4 Eigelb
1 EL Öl

600 g gemischte Wildkräuter (z. B. Rauke, Bärlauch, Löwenzahn, Brennnesseln, Brunnenkresse)
1 Zwiebel
1 Knoblauchzehe

135 g Butter
500 g Ricotta
frisch gemahlener Pfeffer
etwas frisch geriebener Muskat
½ Bund Petersilie

Zubereitung

Mehl, Salz, Eigelbe und Öl in einer Schüssel zu einem glatten, geschmeidigen Teig verkneten. Eventuell noch ein wenig lauwarmes Wasser zufügen. Den Teig in Alufolie gewickelt ca. 1 Stunde ruhen lassen.

Wildkräuter verlesen, waschen, trocken schleudern und fein hacken. Zwiebel und Knoblauch schälen und fein hacken. In einer Pfanne 15 Gramm Butter erhitzen, Zwiebel und Knoblauch darin glasig dünsten. Wildkräuter zugeben und mitdünsten, bis Flüssigkeit austritt. Beiseite stellen und etwas abkühlen lassen. Wildkräutermasse und Käse gut durchmischen. Mit Salz, Pfeffer und Muskat würzen.

Nudelteig auf einer bemehlten Arbeitsfläche portionsweise ca. 2 Millimeter dick ausrollen. Im Abstand von ca. 5 Zentimetern 1 Teelöffel Kräuter-Käse-Masse auf die Hälfte des Teigs setzen. Die andere Hälfte über die Füllung klappen und mit den Fingern fest andrücken, auch zwischen den Füllungen!

In einem weiten Topf reichlich Salzwasser zum Kochen bringen. Mit einem Teigrädchen die einzelnen Nudeltaschen ausschneiden und portionsweise vorsichtig in das Wasser gleiten lassen. Nach ca. 4–6 Minuten mit einem Schaumlöffel herausnehmen, abtropfen lassen und auf 4 Tellern anrichten. In einer Pfanne die restliche Butter erhitzen. Petersilie waschen, trocken schütteln und grob hacken. Petersilie in die Butter geben und kurz anbraten. Über die Ravioli gießen.

Kartoffelgnocchi mit Sauerampfersoße

Zutaten (für 4 Portionen)

450 g mehlig kochende Kartoffeln
150 g Mehl
2 EL Grieß
3 EL Öl
1 Ei

Salz
150 g junge Sauerampferblätter
½ Zwiebel
200 ml Gemüsebrühe
½–1 TL Speisestärke

4 EL Crème fraîche
frisch gemahlener Pfeffer
1–2 TL Zitronensaft

Zubereitung

Kartoffeln waschen und in ca. 20–25 Minuten weich kochen. Abschrecken, heiß pellen und durch die Kartoffelpresse in eine Schüssel drücken. Etwas abkühlen lassen.

Mehl, Grieß, 2 Esslöffel Öl, Ei und etwas Salz zu den Kartoffeln geben und zu einem Teig kneten. Ca. 25–30 Minuten ruhen lassen.

Sauerampfer waschen, trocken schütteln und in feine Streifen schneiden. Zwiebel schälen und fein hacken.

Restliches Öl in einem Topf erhitzen, Zwiebel darin glasig dünsten, Sauerampfer zufügen und kurz mitdünsten. Brühe angießen und alles ca. 5–10 Minuten köcheln lassen.

Einen weiten Topf mit reichlich Salzwasser zum Kochen bringen. Aus dem Gnocchiteig dünne Rollen formen und ca. 1–1,5 Zentimeter dicke Stücke abschneiden. Mit einer Gabel nicht zu fest darauf drücken, sodass ein geriffeltes Muster entsteht. Anschließend die Gnocchi ca. 5 Minuten im Salzwasser ziehen lassen. Abseihen und etwas abtropfen lassen.

Speisestärke mit wenig Wasser glatt rühren, zur Soße geben, ca. 2–3 Minuten durchkochen. Crème fraîche einrühren und erhitzen, aber nicht mehr kochen. Mit Salz, Pfeffer und Zitronensaft abschmecken.

Gnocchi auf 4 Teller verteilen und mit der Sauerampfersoße begießen.

Kürbisrisotto

Zutaten (für 4 Portionen)

450 g Kürbisfleisch
1 Schalotte
1 Knoblauchzehe
2 EL Olivenöl
2 EL Butter

350 g Risottoreis
100 ml Weißwein
1 Liter Gemüsebrühe
1 Bund Frühlingszwiebeln
3 EL Crème fraîche

50 g geriebener Parmesan
frisch gemahlener Pfeffer
½ Schälchen Gartenkresse

Zubereitung

Kürbisfleisch in Streifen schneiden. Schalotte und Knoblauch schälen und fein hacken.

Öl erhitzen, Butter darin zerlassen. Knoblauch, Schalotten und Kürbisstreifen darin andünsten. Reis einstreuen und ebenfalls kurz dünsten.

Wein angießen und aufkochen. Nach und nach warme Brühe angießen. Reis ca. 20 Minuten ausquellen lassen.

Frühlingszwiebeln putzen, waschen und in Ringe schneiden. Ca. 5 Minuten vor Ende der Garzeit zugeben.

Créme fraiche und Parmesan unterheben, mit Pfeffer abschmecken. Kresse abschneiden und auf den Risotto streuen.

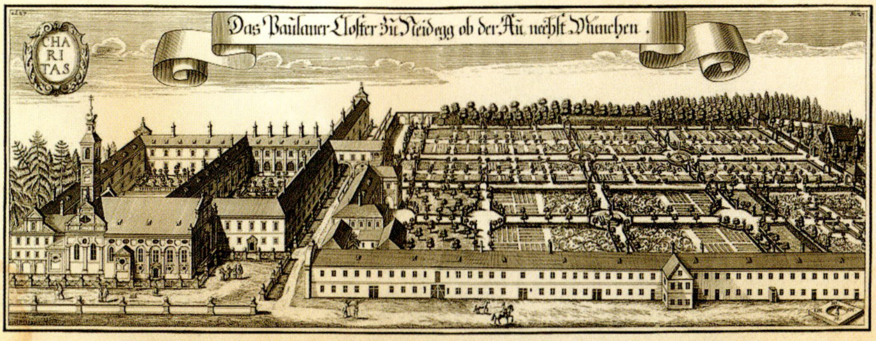

„Ich bin gekommen, sie aus der Gewalt der Ägypter zu erretten und sie aus diesem Land in ein schönes, weiträumiges Land zu führen, in ein Land, das von Milch und Honig überfließt."

(2. Mose 3,8 und 3,17)

Mehlspeisen und Desserts

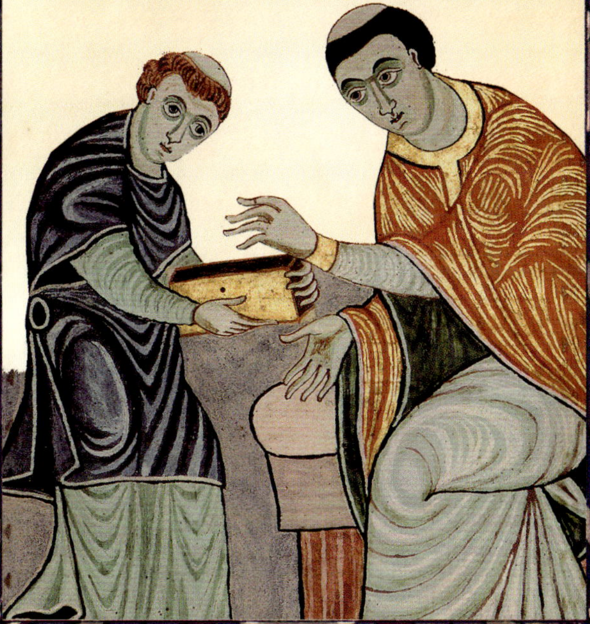

Quarkschmarren mit Pflaumensoße

Zutaten (für 4 Portionen)

225 g Pflaumenmus
1 EL Rum
½ TL Zimt
200 g Pflaumen
3 Eier

150 g Magerquark
125 g Sahne, 50 g Zucker
60 g Rosinen
abgeriebene Schale von 1 unbehandelten Zitrone

100 g Mehl
40 g Butterschmalz
Puderzucker zum Bestreuen

Zubereitung

Pflaumenmus, Rum und Zimt verrühren. Pflaumen waschen, entsteinen, in kleine Würfel schneiden und unter das Pflaumenmus rühren.

Eier trennen und Quark gut abtropfen lassen. Mit Eigelb, Sahne, Zucker, Rosinen, Zitronenschale und Mehl glatt rühren.

Eiweiß sehr steif schlagen und mit einem Schneebesen vorsichtig unter die Quarkmasse heben.

10 Gramm Butterschmalz in einer großen Pfanne erhitzen, ¼ der Teigmenge zugeben, goldgelb backen, wenden und mit 2 Gabeln vorsichtig in der Pfanne in Stücke reißen. Kurz warm stellen. Restlichen Teig in übrigem Fett abbacken.

Quarkschmarren mit Puderzucker bestäuben. Mit der Pflaumensoße zusammen servieren.

Pfirsich-Quark-Auflauf

Zutaten (für 4 Portionen)

2 Eier
50 g Butter
100 g Zucker
1 Päckchen Vanillezucker
abgeriebene Schale von 1 unbehandelten Zitrone
Saft von 1 Zitrone
80 g Speisestärke
500 g Quark
200 ml Milch
1 Dose Pfirsiche (Abtropfgewicht 460 g)
Fett für die Form
2 EL Mandelblättchen

Zubereitung

Eier trennen. Eiweiß steif schlagen. Eigelb, weiche Butter, Zucker, Vanillezucker, Zitronenschale, Zitronensaft, Speisestärke und Quark in einer Schüssel mit dem Handrührer schaumig schlagen. Eiweiß vorsichtig unterheben. Backofen auf 200 °C (Umluft: 180 °C) vorheizen. Pfirsiche über einem Sieb abgießen.

Teig in eine flache, gefettete Auflaufform geben, 6–8 Pfirsichhälften auf den Teig legen und leicht darin eindrücken. Auflauf mit Mandelblättchen bestreuen. Im vorgeheizten Backofen ca. 45 Minuten goldbraun backen.

Nach Belieben mit Puderzucker bestäubt servieren.

Thymianeis

Zutaten (für 6 Portionen)

3 EL Olivenöl
abgeriebene Schale von ½ unbehandelten Zitrone
500 ml Milch
50 g Sahne
140 g Zucker
50 g Crème fraîche
1 Bund Thymian
100 g Baiser
etwas Zitronenöl

Zubereitung

Olivenöl und Zitronenschale mischen und beiseite stellen.

Milch, Sahne und Zucker in einen Topf geben und erhitzen. Crème fraîche zufügen und aufkochen. Thymian waschen, trocken schütteln und ca. 10 Stängel in die heiße Milch geben. Alles ca. 1 Stunde ziehen lassen.

Thymianstängel entfernen, Milch abkühlen lassen und in einen flachen Behälter oder eine Metallschüssel gießen. Die Masse für ca. 4 Stunden ins Gefrierfach stellen. Dabei mehrmals umrühren.

Baiser grob zerkrümeln und auf Dessertschälchen verteilen. Kleine Eiskugeln abstechen und auf die Baiserkrümel setzen. Etwas Zitronenöl darüber träufeln, mit Thymian garnieren und sofort servieren.

Tipp 200 Gramm gefrorene Himbeeren antauen lassen und mit 2–3 Esslöffeln Zucker fein pürieren. Durch ein Sieb streichen und die Soße zum Eis servieren.

Aromatischer Bratapfel

Zutaten (für 4 Portionen)

4 Äpfel
50 g Mandelblättchen
50 g Rosinen
4 TL Aprikosenkonfitüre oder Honig
1 Prise Zimt
Fett für die Form
Margarine
1–2 EL Speisestärke
1 Eigelb
500 ml Milch
½ Vanilleschote
20 g Zucker

Zubereitung

Backofen auf 200 °C (Umluft: 180 °C) vorheizen. Äpfel waschen und so vom Kerngehäuse befreien, dass oben eine Öffnung entsteht. Mandeln, Rosinen, Konfitüre und Zimt vermischen. Füllung mit einem Teelöffel in die Öffnung der Äpfel geben und mit einem Rührlöffelstiel hineindrücken.

Äpfel in eine gefettete Auflaufform setzen und auf jeden Apfel ein Margarineflöckchen geben. Äpfel im vorgeheizten Backofen ca. 25 Minuten backen.

Speisestärke und Eigelb in 2 Esslöffeln kalter Milch anrühren. Vanilleschote mit einem Messer der Länge nach aufschlitzen und das Mark herauskratzen.

Restliche Milch mit Zucker, Vanilleschote- und Vanillemark aufkochen. Speisestärke unter Rühren hineingießen und kurz kochen lassen. Warm oder kalt zu den heißen Äpfeln servieren.

Klosterwissen

Durch das „Rheinfränkische Kochbuch" von 1443 ist bereits ein mittelalterliches Rezept für Bratäpfel überliefert, auch später kommt der Brauch des gebratenen Apfels zur Weihnachtszeit in einem Gedicht des Barockdichters Barthold Heinrich Brockes (1680–1747) vor. In Klosterküchen damals wie heute ist das aromatische und in vielfachen Varianten zuzubereitende Dessert aus der Weihnachtszeit nicht wegzudenken. Apfelsorten wie der „Borsdorfer" und die „Französische Renette" sind übrigens eine Züchtung von Zisterziensermönchen.

Stift Seitenstetten, Österreich

Der historische Hofgarten gliedert sich in fünf Bereiche: den traditionellen Kräutergarten, den Barockgarten, den landschaftlichen Teil aus dem 19. Jahrhundert, den Rosengarten und den Wirtschaftsgarten, der das Kloster mit Gemüse und Obst versorgt. In allen Gärten sind alte und junge Obstbäume mit traditionellen Sorten vertreten. Die Obstbaumblüte lässt sich eindrucksvoll mit einer Übernachtung im Kloster, der Teilnahme am morgendlichen Chorgebet und dem Essen am Abend im Stiftsmeierhof, gekrönt von einem klostereigenen Edelbrand und Likör, erleben.

Heidelbeerpfannkuchen

Zutaten (für 4 Portionen)

2 Eier
50 g Frischkäse
100 ml Milch
30 g Grieß
2 TL Mehl
200 g Heidelbeeren (frisch oder aus dem Glas)
2 TL Öl
4 TL Aprikosenfruchtaufstrich
Saft von ½ Orange
Minzblättchen und Orangenspalten zum Garnieren

Zubereitung

Eier mit Frischkäse und Milch verrühren. Grieß und Mehl zugeben und unterrühren. Ca. 20 Minuten quellen lassen. Heidelbeeren waschen bzw. über einem Sieb gut abtropfen lassen.

Jeweils ½ Teelöffel Öl in einer kleinen beschichteten Pfanne erhitzen. ¼ des Teigs hineingeben und ¼ der Heidelbeeren darauf geben. Von beiden Seiten goldgelb backen. Auf diese Weise drei weitere Pfannkuchen backen.

Fruchtaufstrich mit Orangensaft verrühren und auf die Heidelbeerpfannkuchen geben. Mit Minze und Orangenspalten garniert servieren.

Tipp Statt Heidelbeeren können Sie auch eine tiefgekühlte Waldbeerenmischung verwenden. Diese rechtzeitig auftauen und gut abtropfen lassen.

Quarkpudding

Zutaten (für 4 Portionen)

50 g Margarine
3 Eier
100 g Zucker
1 TL Vanillezucker
abgeriebene Schale von 1 unbehandelten Zitrone
Saft von 1 Zitrone
80 g Speisestärke
500 g Quark
100 g Rosinen
Fett für die Form
Paniermehl
1 Dose Aprikosen (Abtropfgewicht 230 g)
2–3 EL Aprikosenlikör
2 EL brauner Zucker

Zubereitung

Margarine in eine Schüssel geben. Eier trennen. Zucker, Eigelb, Vanillezucker, Zitronenschale und -saft, Speisestärke und Quark darauf geben und alles mit einem Handrührer gut verrühren.

Eiweiß steif schlagen und zusammen mit den Rosinen unterziehen. Puddingform fetten und mit Paniermehl ausstreuen. Puddingmasse hineingeben, das Ganze in ein heißes Wasserbad stellen und ca. 1 Stunde garen.

Puddingform herausnehmen und ca. 5 Minuten abkühlen lassen. Den Pudding auf eine Platte stürzen. Aprikosen mit dem Saft und 2 Esslöffeln braunem Zucker im Mixer pürieren und nach Belieben mit Aprikosenlikör abschmecken. In einem kleinen Topf aufkochen und einige Minuten köcheln lassen. Aprikosensoße zum Quarkpudding servieren.

Quarkklöße mit Kompott

Zutaten (für 4 Portionen)

300 g Erdbeeren
300 g Rhabarber
250 ml Apfelsaft
120 g Zucker
1 Päckchen Vanillezucker
2 EL Speisestärke
1–2 EL Zitronensaft
200 g Mehl
1 TL Backpulver
70 g Butter
2 Eier
1 Prise Salz
500 g Quark
4 EL Paniermehl
abgeriebene Schale von 1 unbehandelten Zitrone
½ TL Zimt

Zubereitung

Erdbeeren und Rhabarber putzen und waschen. Rhabarber schälen und in kleine Stücke schneiden. Etwa die Hälfte der Erdbeeren vierteln, den Rest pürieren.

200 Milliliter Apfelsaft, 3 Esslöffel Zucker, Vanillezucker und Rhabarber in einen Topf geben und aufkochen.

Speisestärke im restlichen Apfelsaft auflösen, einrühren und kurz aufkochen lassen. Mit Zitronensaft abschmecken und erkalten lassen. Erdbeeren und Erdbeerpüree zugeben.

Mehl mit Backpulver mischen. Weiche Butter schaumig rühren, nach und nach Eier, restlichen Zucker, 1 Prise Salz, Quark, Paniermehl, Zitronenschale und das mit Backpulver vermischte Mehl zufügen. Der Teig sollte nicht mehr kleben, ansonsten noch mehr Mehl zufügen. Mit feuchten Händen Klöße formen und nacheinander in kochendes Salzwasser geben. 20 Min. lang in leicht siedendem Wasser gar ziehen lassen.

Kompott auf Tellern verteilen. Klöße mit einem Schaumlöffel herausnehmen, gut abtropfen lassen und auf das Kompott legen. Nach Wunsch mit Zimtzucker bestreuen.

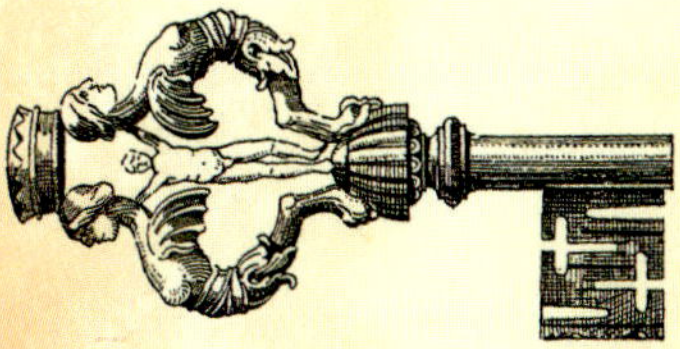

Terrine aus Waldbeeren

Zutaten (für 12 Stück)

8 Blatt rote Gelatine
500 ml Johannisbeersaft
6 EL Zucker
50 g Waldbeeren (TK-Produkt)
400 g Frischkäse
6 EL Milch
6 Päckchen Vanillezucker
1 EL Rum

Zubereitung

Gelatine ca. 10 Minuten in kaltem Wasser einweichen, ausdrücken. Johannisbeersaft in einem Topf leicht erwärmen. Zucker und Gelatine zugeben und unter Rühren darin auflösen. Beeren auftauen und mit Johannisbeersaft in eine Kastenform (20 Zentimeter lang) füllen, mit Frischhaltefolie bedecken und ca. 4 Stunden in den Kühlschrank stellen. Frischkäse, Milch, Vanillezucker und Rum mit dem Handrührer schaumig schlagen, kalt stellen. Terrine stürzen, in Scheiben schneiden und mit Käsecreme servieren.

Apfel-Sahne-Dessert

Zutaten (für 4 Portionen)

500 g Äpfel
2 EL Calvados oder Apfelsaft
50 g Zucker
½ TL Zimtpulver
1 EL Zitronensaft
250 g Sahne
4 TL Mandelblättchen
einige Blättchen Zitronenmelisse zum Garnieren

Zubereitung

Äpfel schälen, vom Kerngehäuse befreien und grob würfeln. Äpfel mit 125 Millilitern Wasser, Calvados oder Apfelsaft, Zucker, Zimtpulver und Zitronensaft in einen Topf geben und weich dünsten. Äpfel mit einem Stabmixer pürieren. Sahne steif schlagen. Apfelmus vorsichtig unterheben, auf Dessertschälchen verteilen und mit Mandelblättchen und Zitronenmelisse dekorieren.

Erdbeer-Biskuitdessert

Zutaten (für 8 Portionen)

3 Eier
100 g Zucker
1 Päckchen Vanillezucker
55 g Speisestärke
40 g Mehl

½ TL Backpulver
Saft von 1 Zitrone
125 ml Milch, Salz
abgeriebene Schale von 1 unbehandelten Zitrone

150 g Joghurt
500 g Erdbeeren
250 g Sahne
Kakaopulver

Zubereitung

Backofen auf 200 °C (Umluft: 180 °C) vorheizen. 2 Eier trennen. Eiweiß und 2 Esslöffel kaltes Wasser in einer Schüssel mit einem Handrührer auf höchster Stufe sehr steif schlagen. 80 Gramm Zucker und Vanillezucker hineinrühren. Auf niedrigster Stufe das Eigelb unter die Eiweißmasse ziehen. 40 Gramm Speisestärke, Mehl und Backpulver mischen und unterheben.

Backblech zur Hälfte mit Backpapier auslegen und die Biskuitmasse gleichmäßig darauf verstreichen. Biskuit im vorgeheizten Backofen ca. 12–15 Minuten backen. Biskuitplatte auf ein Tuch stürzen, Papier abziehen und nach dem Erkalten der Länge nach halbieren. Eine Hälfte in eine rechteckige flache Form legen und mit der Hälfte des Zitronensafts tränken.

1 Ei trennen. Milch, restliche Speisestärke, restlichen Zucker, Salz, Zitronenschale und Eigelb in einem Topf unter ständigem Rühren kurz aufkochen. Eiweiß steif schlagen und unter die heiße Speise ziehen. Joghurt unterrühren und alles erkalten lassen.

Erdbeeren putzen, waschen und halbieren. Die Hälfte der Creme auf dem Biskuit verteilen und mit einem Teil der Erdbeeren belegen. Zweite Biskuitplatte darauflegen, mit dem restlichen Zitronensaft tränken, mit der restlichen Creme bestreichen und mit Erdbeeren belegen.

Sahne steif schlagen und mit einem Löffel darüber verteilen. Ca. 4 Stunden kalt stellen. Nach Belieben mit Kakaopulver bestäuben.

Kirsch-Milchreis

Zutaten (für 4 Portionen)

2 l Milch
1 Prise Salz
250 g Milchreis
1 Päckchen Puddingpulver Vanille
3 EL Zucker
1 Glas Schattenmorellen (Abtropfgewicht 350 g)
2 EL Speisestärke
1 Päckchen Vanillezucker
3–4 EL Kirschlikör
½–1 TL Zimt

Zubereitung

Von der Milch 6 Esslöffel abnehmen und beiseite stellen. Restliche Milch mi 1 Prise Salz in einem Topf vorsichtig aufkochen. Topf von der Kochstelle nehmen. Milchreis einstreuen, unterrühren und bei geringer Hitze ca. 20 Minuten kochen. Das Puddingpulver mit den 6 Esslöffeln Milch und dem Zucker anrühren. Den Reis wenn er gar ist von der Herdplatte nehmen und das angerührte Puddingpulver unterrühren und nochmals kurz aufkochen. Schattenmorellen abtropfen lassen, Saft (ca. 400 Milliliter) auffangen. In einem Topf Kirschsaft mit Speisestärke verrühren und unter ständigem Rühren aufkochen. Vanillezucker und Kirsch-likör unterrühren. Milchreis nochmals umrühren, mit Zimt abschmecken und auf Teller verteilen. Kirschkompott darauf geben.

Kalte Holundersuppe

Zutaten (für 4 Portionen)

2 Äpfel
1 EL Butter
3 EL Puderzucker
300 ml Holunderbeersaft
300 ml Apfelsaft
abgeriebene Schale von 1 unbehandelten Zitrone
1 Päckchen Vanillezucker
4 EL brauner Zucker
1½ EL Speisestärke
Zitronenmelisse zum Garnieren

Zubereitung

Äpfel waschen, halbieren, entkernen und in Scheiben schneiden.

Butter in einer Pfanne erhitzen und Apfelscheiben darin goldbraun anbraten. Puderzucker über die Apfelscheiben sieben und karamellisieren lassen, dabei die Scheiben einmal wenden. Auf einen Teller geben und abkühlen lassen.

Holunderbeer- und Apfelsaft mit der Zitronenschale, Vanillezucker und braunem Zucker aufkochen.

Speisestärke mit etwas Wasser anrühren und in die Suppe mischen. Aufkochen lassen. Holunderbeersuppe abkühlen lassen.

Suppe mit den karamellisierten Apfelscheiben anrichten. Mit Zitronenmelisseblättchen garnieren.

Auflauf von roten Johannisbeeren

Zutaten (für 6 Portionen)

800 g rote Johannisbeeren
5 Eier
150 g Zucker
abgeriebene Schale von 1 unbehandelten Zitrone
Zimt
125 g geriebenes Schwarzbrot
Fett für die Form
Puderzucker zum Bestäuben

Zubereitung

Backofen auf 175 °C (Umluft: 155 °C) vorheizen. Johannisbeeren verlesen, waschen und Früchte mit einer Gabel von den Stielen abstreifen. Auf Küchenkrepp abtropfen lassen.

Eier trennen. Eigelbe und Zucker schaumig rühren. Zitronenschale und Zimt zugeben. Johannisbeeren in die Eimasse geben und Schwarzbrotbrösel zugeben. Eiweiße zu steifem Schnee schlagen und vorsichtig unter die Masse heben.

Den Teig in eine gefettete Auflaufform füllen. In den vorgeheizten Backofen schieben und ca. 1 Stunde und 10 Minuten backen. Nach ca. 25 Minuten mit Folie oder Backpapier abdecken. Aus dem Ofen nehmen und mit Puderzucker bestäubt servieren. Dazu passt Vanillesoße.

Tipp Auch mit Sauerkirschen schmeckt dieser Auflauf sehr lecker.

Armer Ritter mit Heidelbeerkompott

Zutaten (für 4–6 Portionen)

500 g Heidelbeeren
8 EL Zucker
1 unbehandelte Zitrone
500 ml Milch
1–2 Eier
1 TL Zitronensaft
1 Prise Salz
12 kleine Scheiben Weißbrot
60 g Paniermehl
125 ml Öl
½ TL Zimt

Zubereitung

Heidelbeeren verlesen, waschen und mit 3 Esslöffeln Zucker bestreuen. Zitrone heiß waschen und trocken reiben. 1 Esslöffel Schale abreiben und Frucht auspressen. Sobald die Beeren Saft gezogen haben, mit geriebener Zitronenschale bei starker Hitze zum Kochen bringen und bei schwacher Hitze weich dünsten. Kompott erkalten lassen und, falls erforderlich, mit 1 Esslöffel Zucker abschmecken.

Milch, Eier, 1 Esslöffel Zucker, Zitronensaft und Salz gut verschlagen. Weißbrotscheiben damit übergießen und kurz darin einweichen lassen. Darauf achten, dass die Scheiben nicht zu weich werden. Paniermehl auf einen flachen Teller geben und die Weißbrotscheiben darin von beiden Seiten wenden.

Öl in einer beschichteten Pfanne erhitzen und die Scheiben darin von beiden Seiten backen. Restlichen Zucker und Zimt vermischen und die „Armen Ritter" damit bestreuen. Heidelbeerkompott dazu reichen.

Tipp Das Heidelbeerkompott schmeckt auch gut mit einem Schuss Cognac oder mit Heidelbeerlikör.

Süße Maultaschen

Zutaten (für 4 Portionen)

300 g Mehl
4 Eier, Salz
400 g Himbeeren
4 EL Zucker
1 TL Vanillinzucker
Saft von ½ Zitrone
60 g Butter
3 EL Paniermehl
1 Prise Zimt

Zubereitung

Aus Mehl, 3 Eiern, Salz und 6 Esslöffeln Wasser einen Nudelteig kneten. Dieser sollte weich und elastisch sein. Teig in ein Stück Klarsichtfolie einwickeln und ca. ½ Stunde bei Zimmertemperatur ruhen lassen. Himbeeren mit 4 Esslöffeln Wasser und 3 Esslöffeln Zucker einmal kurz aufkochen lassen. Vanillinzucker zugeben und verrühren. Durch ein feines Sieb streichen und mit Zitronensaft abschmecken.

Teig dünn ausrollen und in ca. 15 Zentimeter große Quadrate schneiden, auf jedes Quadrat etwas von der Füllung geben. Teigränder mit Eiweiß bepinseln. Die Quadrate über Eck zusammenklappen und die Ränder fest andrücken. Eventuell mit einer Gabel den Rand nochmals zusammendrücken. Maultaschen auf ein mit Mehl bestreutes Brett nebeneinander legen.

In einem breiten Topf Wasser zum Kochen bringen. Eine Prise Salz zugeben. Butter in einer Pfanne schmelzen lassen. Wenn sie anfängt zu bräunen, das Paniermehl einstreuen und mitbraten. Sobald die Butterbrösel hellbraun werden, restlichen Zucker und Zimt zugeben und von der heißen Platte nehmen. Maultaschen ins kochende Wasser geben und ca. 4–5 Minuten leise köcheln lassen. Herausheben und kurz abtropfen lassen. Auf 4 Teller verteilen und mit der gewürzten Butter begießen.

Tipp Für ein leichtes Mittagessen servieren Sie zuvor eine Gemüsesuppe, und das Sommermenü ist komplett.

Kartäuserklöße mit gelber Fruchtsoße

Zutaten (für 6 Portionen)

6 Brötchen vom Vortag
500 g Aprikosen
2 El Zucker
125 ml fruchtiger Weißwein
1 Tl Speisestärke
300 ml Milch
1 El Zucker
3 Eier
Butter, Kakaopulver

Zubereitung

Von den Brötchen mit einer Raspel die äußere Schicht abreiben. Brösel beiseite stellen. Jedes Brötchen in 5 Scheiben schneiden.

Aprikosen waschen, entsteinen und in schmale Spalten schneiden. Mit Zucker, 100 Milliliter Wasser und Wein in einem Topf kurz aufkochen. Speisestärke in 2 Esslöffel kaltem Wasser anrühren und in die kochende Fruchtmasse geben. Nochmals kurz aufkochen lassen und zum Abkühlen beiseite stellen.

Backofen auf 80 °C (Umluft: 60 °C) vorheizen. Milch mit Zucker und Eiern verschlagen. Brötchenscheiben hinein legen und mehrmals umdrehen. Im abgeriebenen Brot wenden und in der erhitzten Butter nacheinander goldbraun backen. Zum Warmhalten in den vorgeheizten Backofen stellen.

Frühstücksteller am Rand mit Kakaopulver bestreuen. In die Mitte Fruchtsoße geben und darauf die gebackenen Kartäuserklöße setzen. Möglichst schnell servieren.

Tipp Diese Klöße sind keine Knödel – aus den Brötchen wird ein kleines, gebackenes Teilchen. In Kombination mit der Fruchtsoße kann kein wirklicher „Kloß" besser schmecken.

Birnenstrudel mit Zwetschgenkompott

Zutaten (für 6–8 Portionen)

180 g Mehl
1 EL Öl
1 Prise Salz
1 Ei
5 EL Butter
4 Birnen
abgeriebene Schale von 1 ½ unbehandelten Zitrone
2 Gewürznelken
125 ml Birnensaft
50 g gemahlene Mandeln
6 EL Zucker
Zimt
400 g Zwetschgen
10 ml Rotwein
1 Zimtstange
Saft von ½ Zitrone
Minzeblätter zum Garnieren

Zubereitung

Mehl, Öl, Salz, Ei und 60 Milliliter lauwarmes Wasser mischen und mit den Knethaken des Handrührers zu einem glatten, elastischen Teig verarbeiten. Teig zu einer Kugel formen und mit 2 Esslöffeln flüssiger Butter bestreichen. Bei Zimmertemperatur ca. 2 Stunden ruhen lassen.

Birnen waschen, schälen, vierteln, Kerngehäuse entfernen und in feine Scheiben schneiden. Zitronenschale von 1 Zitrone, 1 Gewürznelke und Birnensaft in einem Topf aufkochen, Birnen zugeben und bei schwacher Hitze ca. 5 Minuten dünsten. Aus dem Fond nehmen und gut abtropfen lassen. Backofen auf 160 °C (Umluft: 140 °C) vorheizen.

Teig nach der Ruhezeit auf einem bemehlten Tuch möglichst dünn ausrollen. Den hauchdünn ausgezogenen Strudelteig mit 2 Esslöffeln flüssiger Butter bestreichen, mit den gemahlenen Mandeln bestreuen und die Birnen auf den Teig geben. Dabei einen ca. 5 Zentimeter breiten Rand freilassen. Birnen mit 3 Esslöffeln Zucker und etwas Zimt bestreuen.

Strudel mithilfe des Tuchs aufrollen, in eine gefettete ofenfeste Form geben und im Backofen ca. 30 Minuten backen. Dabei immer wieder mit restlicher flüssiger Butter bestreichen.

Zwetschgen waschen, halbieren, entkernen und in Streifen schneiden. Restlichen Zucker, Rotwein, 2–3 Esslöffel Wasser, Zimtstange, Nelke, Zitronensaft und restliche Zitronenschale in einen Topf geben und aufkochen lassen. Zwetschgenspalten in den Fond geben und zugedeckt ziehen lassen. Strudel portionieren und mit dem Zwetschgenkompott auf Dessertteller anrichten. Mit Minzeblättern garnieren.

Roter Rumtopf

Zutaten (für 1 Rumtopf)

300 g Erdbeeren
300 g rote Johannisbeeren
300 g Sauerkirschen
400 g brauner Kandiszucker
½ Zimtstange
1 l brauner Rum (54 %)

Zubereitung

Erdbeeren waschen, entstielen, je nach Größe halbieren oder vierteln. Johannisbeeren waschen und mit einer Gabel von den Stielen zupfen. Sauerkirschen waschen, entstielen und nach persönlicher Vorliebe auch entkernen. Beeren mischen.

Alle Beeren abwechselnd mit dem Kandiszucker in ein großes, hohes Gefäß schichten. Zimtstange obenauf legen (so kann man diese leicht wieder entfernen, wenn das Aroma ausreichend ist). Früchte über Nacht ziehen lassen, bis sich der Kandiszucker aufgelöst hat.

Mit so viel Rum aufgießen, dass die Früchte mindestens 2 Zentimeter hoch bedeckt sind. Sollten Früchte an der Oberfläche schwimmen, dann mit einem kleinen Teller bedecken. Gefäß gut verschließen und an einem kühlen, dunklen Ort mindestens 4 Wochen durchziehen lassen. Servieren Sie diesen Rumtopf zu Vanilleeis oder -pudding mit etwas geschlagener Sahne.

Klosterwissen

In Alkohol eingelegte Früchte waren – neben der Destillation von Früchten, die zu Obstbränden wurden – in Klöstern schon immer beliebt. Nicht nur wegen ihres guten Geschmacks, sondern auch weil es eine hervorragende Methode war, das im Sommer geerntete Obst zu konservieren und im Winter pur oder als Beigabe zu Süßspeisen zu genießen.

„Gott, der Herr, ließ aus dem Boden allerlei Bäume wachsen, die lieblich anzusehen waren und wohlschmeckende Früchte trugen."

(1. Mose 2,9)

Einkochen und Einlegen

Apfelkonfitüre mit Rumrosinen

Zutaten (für 4–5 Gläser à 200 ml)

100 g Rosinen
100 ml Rum
1 kg säuerliche Äpfel
Saft von 1 Zitrone
Schale von 1 unbehandelten Zitrone
375 ml Apfelsaft
1 kg Gelierzucker

Zubereitung

Rosinen in eine kleine Schüssel füllen, mit Rum begießen und ca. 30 Minuten ziehen lassen (besser über Nacht).

Äpfel waschen, schälen, vierteln, entkernen und in kleine Stücke schneiden. In einem Topf mit Zitronensaft, Zitronenschale und dem Apfelsaft mischen. Langsam aufkochen und ca. 10 Minuten unter Rühren köcheln lassen.

Gelierzucker und Rosinen samt Rum einrühren und weitere ca. 10 Minuten kochen. Konfitüre in Gläser füllen und fest verschließen.

Tipp Wer aus eigenem Garten viele Äpfel erntet, kann mit dieser selbst gemachten Winterkonfitüre sich selbst, Freunden und Familienmitgliedern eine große Freude machen.

Kalt gerührte Himbeermarmelade

Zutaten (für 1 Glas à 250 ml)

200 g Himbeeren
100 g Gelierzucker
½ Päckchen Vanillezucker
etwas Zitronensaft
1 TL Alkohol
(mindestens 48 %, z. B. Rum, Wodka oder Cognac)

Zubereitung

Himbeeren waschen, abtropfen lassen und evtl. entstielen. Mit Gelierzucker und Vanillezucker in einen hohen Mixbecher geben. Mit dem Stabmixer die Beeren einige Minuten aufschlagen, dabei sollte sich der Zucker komplett aufgelöst haben. Mit einigen Tropfen Zitronensaft abschmecken. In das gesäuberte Glas den Alkohol geben und etwas schwenken. Vorsichtig mit einem Zündholz entzünden. Anschließend die Himbeermarmelade in das vorbehandelte Glas füllen.

Tipp Kalt gerührte Marmeladen sind die feinsten Vertreter der fruchtigen Brotaufstriche. Da sie nicht erhitzt wurden, bleibt ihr zartes Aroma sehr gut erhalten. Leider sind sie dadurch nicht sehr lange haltbar. Zur Aufbewahrung sollten Sie diese Marmeladen in den Kühlschrank stellen und bald verzehren.

Frische Beeren sollten Sie im Sommer in kleinen Portionen einfrieren und, je nach Bedarf, die Früchte in einer späteren Jahreszeit wie oben angegeben zubereiten. So verdirbt nichts, und im Winter schmeckt die frische Marmelade noch einmal so gut.

Mehrfruchtmarmelade

Zutaten (für 4 Gläser à 400 ml)

250 g Erdbeeren
200 g Brombeeren
300 g schwarze Johannisbeeren
250 g Himbeeren
500 g Gelierzucker 2:1
½ Zitrone

Zubereitung

Erdbeeren, Brombeeren, Johannisbeeren und Himbeeren waschen, abtropfen lassen und evtl. entstielen. Erdbeeren in kleine Stücke schneiden, Brombeeren halbieren. Beeren in einen hohen Topf füllen und mit Gelierzucker bestreuen. Beeren und Zucker durchmischen und einige Stunden oder über Nacht ziehen lassen.

Zitrone auspressen. Früchte zum Kochen bringen. Wenn die gesamte Masse aufkocht, ca. 4 Minuten unter Rühren weiterkochen. Zitronensaft einrühren. Die heiße Marmelade in gesäuberte Gläser füllen, mit dem Deckel verschließen und ca. 5 Minuten auf den Kopf stellen. Nach dem Abkühlen an einem dunklen, kühlen Ort aufbewahren. Die Gläser sind lange haltbar, verlieren aber nach ca. 4–6 Monaten an Aroma.

Tipp Die Verwendung von Gelierzucker 2:1 ermöglicht es, Marmelade ohne große Mengen an Zucker und lange Kochzeiten herzustellen. Dies erhält den Geschmack und die Inhaltsstoffe der Früchte zu einem großen Teil.

Klosterwissen

Der Vertrieb von in Klöstern hergestellter Konfitüre und Marmelade erfreut sich heute großer Beliebtheit. In vielen Klosterläden lassen sich die schmackhaften Aufstriche aus eigener Produk-tion erwerben. Im Mittelalter wurden in Klöstern u. a. folgende Obstsorten angebaut: Apfel, Birne, Himbeere, Holunder, Kirsche, Quitte, Speierling, Zwetschge. Wild wachsende Früchte und Beeren wurden dazu geerntet.

Marmelade mit Hicks

Zutaten (für 4 Gläser à 300 ml)

300 g Aprikosen
200 g grüne Stachelbeeren
400 g rote Stachelbeeren
100 g Himbeeren
500 g Gelierzucker 2:1
½ Zitrone
4 cl Aprikosenlikör

Zubereitung

Früchte waschen und abtropfen lassen. Aprikosen entsteinen und in kleine Würfel schneiden. Bei beiden Stachelbeersorten Stängel und Blütenansatz entfernen. Alle Früchte mit dem Gelierzucker vermischt in einen Topf geben. Mindestens 3 Stunden ziehen lassen.

Zitrone auspressen. Die Früchte zum Kochen bringen. Wenn die gesamte Masse aufkocht, ca. 4 Minuten unter Rühren weiter kochen. Zitronensaft und Marillenlikör zugeben und verrühren.

Die heiße Marmelade in gesäuberte Gläser füllen, mit dem Deckel verschließen und ca. 5 Minuten auf den Kopf stellen. Nach dem Abkühlen an einem dunklen, kühlen Ort aufbewahren.

Tipp In diesem Rezept werden rote Stachelbeeren verwendet, die etwas weniger Säure als grüne Stachelbeeren haben und mit ihrer Farbe sehr dekorativ sind. Diese Sorte ist leider nicht so häufig zu finden wie die grünen Beeren.

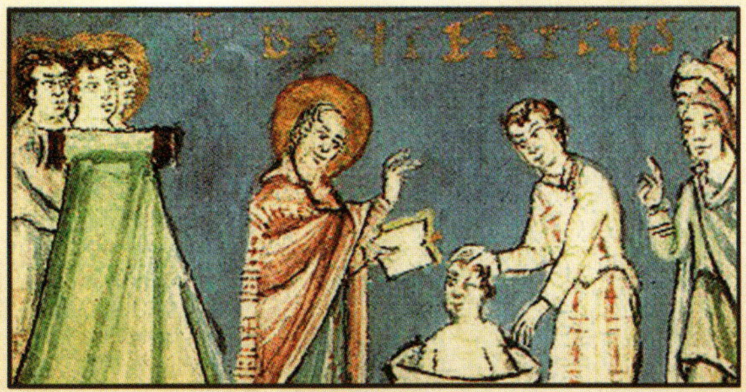

Erdbeer-Rhabarber-Konfitüre

Zutaten (für 5 Gläser à 200 ml)

600 g Erdbeeren
400 g Rhabarber

Saft von 1 Limette
abgeriebene Schale von
1 unbehandelten Limette

1 kg Gelierzucker 1:1

Zubereitung

Erdbeeren und Rhabarber waschen und putzen. Rhabarber schälen. Erdbeeren und Rhabarber in kleine Stücke schneiden und mit Limettensaft, Limettenschale und Zucker in einem großen Topf mischen.

Unter Rühren zum Kochen bringen und ca. 5 Minuten unter Rühren sprudelnd kochen lassen, evtl. abschäumen. Konfitüre in Gläser füllen.

Tipp Erdbeer-Rhabarber-Konfitüre schmeckt besonders gut, wenn man etwas Vanillearoma oder Zimt zugibt.

Rhabarber passt hervorragend zu anderen Früchten, besonders zu Äpfeln und Erdbeeren. Botanisch gesehen ist der Rhabarber ein Gemüse, er gehört zur selben Familie wie der Sauerampfer.

Birnen-Amaretto-Konfitüre

Zutaten (für 3–4 Gläser à 200 ml)

850 g Birnen
100 ml Zitronensaft
1 Päckchen Zitronensäure
300 ml klarer ungesüßter Apfelsaft
500 g Gelierzucker 2:1
2–3 EL Amaretto

Zubereitung

Birnen waschen, schälen, vierteln, entkernen, klein schneiden und in einen großen Topf geben. Zitronensaft, Zitronensäure, Apfelsaft und Zucker unterrühren.

Unter Rühren zum Kochen bringen und ca. 5 Minuten unter Rühren sprudelnd kochen lassen. Amaretto zufügen. Konfitüre in Gläser füllen.

Tipp Bevor Sie die Konfitüre in die Gläser füllen, prüfen Sie die Gelierfähigkeit. Dafür einen bis zwei Teelöffel der heißen Fruchtmasse auf einen gekühlten Teller geben. Wird die Gelierprobe dicklich beziehungsweise fest, so bekommt auch der Rest der Konfitüre genügend Festigkeit in den Gläsern. Wünschen Sie eine stärkere Festigkeit, rühren Sie ein Päckchen Zitronensäure unter die heiße Fruchtmasse und machen noch eine zweite Gelierprobe, bevor Sie die Konfitüre einfüllen. Essen Kinder mit, kann man Amaretto durch zusätzlichen Apfelsaft ersetzen.

Brombeer-Zimt-Konfitüre

Zutaten (für 4–5 Gläser à 200 ml)

500 g Brombeeren
250 g Gelierzucker 2:1
1 Msp. gemahlene Nelken
2 Msp. Zimt
1 EL Zitronensaft

Zubereitung

Brombeeren verlesen, vorsichtig waschen, abtropfen lassen und mit Gelierzucker, Gewürzen und Zitronensaft gut vermischen. In eine hohe Glasschüssel füllen und abdecken. In der Mikrowelle ca. 5 Minuten bei 180 Watt erhitzen, dann einmal gut durchrühren, wieder abdecken und weitere ca. 6 Minuten bei 600 Watt garen. Die Konfitüre heiß in Gläser füllen und verschließen.

Tipp Ein Rezept, das Sie schnell und bequem in der Mikrowelle zubereiten können. Zimt, eines der ältesten Gewürze der Welt, passt hervorragend zum Aroma der Brombeeren.

Klassische Erdbeerkonfitüre

Zutaten (für 5 Gläser à 200 ml)

1 kg frische Erdbeeren
1 Päckchen Zitronensäure
500 g Gelierzucker 2:1

Zubereitung

Erdbeeren waschen, abtropfen lassen, entstielen und in kleine Stücke schneiden. Erdbeeren, Zitronensäure und Zucker in einem großen Topf gut mischen. Unter Rühren zum Kochen bringen und ca. 5 Minuten unter Rühren sprudelnd köcheln lassen. Evtl. abschäumen. Konfitüre in Gläser füllen.

Feigenkonfitüre

Zutaten (für 5 Gläser à 200 ml)

1 kg frische Feigen
2 unbehandelte Zitronen
200 g Zucker
2 EL gehackte Mandeln
1 EL ungesüßtes Kakaopulver

Zubereitung

Feigen waschen, halbieren und in sehr kleine Stücke schneiden. Zitronen heiß abwaschen und trocken tupfen. Die Schale von einer Zitrone dünn abschälen und in feine Streifen schneiden. Den Saft beider Zitronen auspressen, davon 2–3 Esslöffel Saft beiseite stellen.

In einen Topf gewürfelte Feigen, Zitronenstreifen, Zitronensaft und Zucker geben und unter Rühren langsam erhitzen. Bei schwacher Hitze unter Rühren ca. 25 Minuten kochen.

Mandeln in einer Pfanne ohne Fett goldgelb anrösten. Kakao mit Zitronensaft zu einer glatten Masse verrühren und nach der Gelierprobe zusammen mit den Mandeln in die Feigenkonfitüre rühren. In Gläser füllen und fest verschließen.

Tipp Je nach Geschmack kann man auch das ausgekratzte Mark einer Vanilleschote, ½ Teelöffel Zimt und/oder Kardamom zugeben.

Schon in der Antike schätzte man die Heilwirkung und den Nährwert von Feigen. Lange bevor man Zucker kannte, wurden Feigen als Süßungsmittel verwendet.

Pfefferminzgelee

Zutaten (für 3–4 Gläser à 200 ml)

2 Bund frische Pfefferminze
4 EL Schnaps (Korn)
2 EL getrocknete Pfefferminze
60 ml Zitronensaft
500 g Gelierzucker 2:1

Zubereitung

Pfefferminze waschen, trocken schütteln, die Blätter von den Stängeln zupfen und fein hacken. In eine Schüssel geben, den Schnaps zufügen und die Pfefferminze mindestens 1 Stunde darin ziehen lassen. In der Zwischenzeit 750 Milliliter Wasser zum Kochen bringen und die getrocknete Pfefferminze ca. 5 Minuten überbrühen. Pfefferminze absieben und den Tee abkühlen lassen. Tee, Zitronensaft und die frische Pfefferminze in einen Topf geben. Gelierzucker zufügen und unter Rühren langsam erhitzen. Ca. 2 Minuten sprudelnd kochen lassen, dann in Gläser füllen und fest verschließen.

Kaffeegelee

Zutaten (für 4 Gläser à 200 ml)

1 unbehandelte Orange
1 EL Zitronenschale
1 Zimtstange
4 EL Kaffee-Instantpulver
500 g Gelierzucker

Zubereitung

Orange waschen und in dünne Scheiben schneiden. Orangenscheiben in knapp 1 Liter Wasser mit abgeriebener Zitronenschale, Zimtstange und Kaffee aufkochen. Zucker einstreuen und alles ca. 5 Minuten sprudelnd kochen lassen. Zimtstange wieder entfernen und eine Gelierprobe machen. Gelee in Gläser füllen und sofort fest verschließen.

Mirabellenkonfitüre

Zutaten (für 5–6 Gläser à 200 ml)

1 kg Mirabellen
Saft von 1 Orange
3 EL Sherry
1 Stängel Rosmarin
1 kg Gelierzucker

Zubereitung

Mirabellen waschen, entsteinen und gut zerkleinern. Orangensaft, Sherry und Rosmarin mit den Mirabellen in einem großen Topf mischen. Unter Rühren zum Kochen bringen und ca. 5 Minuten unter Rühren sprudelnd kochen lassen. Rosmarin entfernen und die Konfitüre in Gläser füllen.

Holunderbeerengelee

Zutaten (für 4 Gläser à 400 ml)

1,3 kg Holunderbeeren
200 ml Weißwein
500 g Gelierzucker 2:1
1 Prise Zimt

Zubereitung

Holunderbeeren waschen, abtropfen lassen und mit einer Gabel die Beeren von den Dolden streifen. Mit Weißwein in einem Topf erhitzen und ca. 3 Minuten kochen. Fruchtmasse durch ein Sieb streichen und Flüssigkeitsmenge abmessen. Auf 800 Milliliter Saft 500 Gramm Gelierzucker verwenden. Saft und Zucker in einem hohen Topf mischen und zum Kochen bringen. Sobald die Masse aufkocht, ca. 4 Minuten weiterkochen lassen. Zimt unterrühren. Heiße Marmelade in saubere, vorbereitete Gläser füllen und für ca. 5 Minuten auf den Kopf stellen.

Orangenmarmelade

Zutaten (für 5 Gläser à 200 ml)

10 Orangen

500 ml frisch gepresster Orangensaft (ca. 6 Orangen)

500 g Gelierzucker 2:1

Zubereitung

Orangen so schälen, dass die weiße Haut mit entfernt wird. Fruchtfilets herausschneiden und 500 Gramm Fruchtfleisch abwiegen. Saft dabei auffangen.

Restliche Orangen auspressen und mit dem aufgefangenen Saft insgesamt 500 Milliliter abmessen.

Orangenfilets und Saft in einen großen Topf geben, mit Zucker mischen.

Unter Rühren zum Kochen bringen und ca. 5 Minuten unter Rühren sprudelnd kochen lassen. Marmelade in Gläser füllen.

Tipp Diese erfrischende Marmelade lässt sich durch die Zugabe von Zimt, Nelken und Ingwerstückchen in eine richtige „Weihnachtsmarmelade" verwandeln.

Pflaumenmus auf traditionelle Art

Zutaten (für 5–6 Gläser à 200 ml)

1 kg Pflaumen
200 g Zucker
1 Zimtstange
etwas Pimentpulver
etwas Whisky oder Rum

Zubereitung

Backofen auf 150 °C (Umluft: 130 °C) vorheizen. Pflaumen waschen und entsteinen. In einen Topf geben und ohne Wasserzugabe kurz dünsten. Gedünstete Pflaumen in eine Fettpfanne geben, 70 Gramm Zucker einrühren und die Gewürze zugeben. Im vorgeheizten Backofen ca. 20 Minuten im Backofen backen. Die Tür des Backofens sollte dabei leicht geöffnet bleiben (Löffel einklemmen).

Nach ca. 20 Minuten wieder 70 Gramm Zucker einrühren und Pflaumen weitere ca. 20 Minuten im Backofen backen. Restlichen Zucker einrühren und weitere ca. 20 Minuten backen. Das Pflaumenmus probieren und bei Bedarf weiteren Zucker zugeben. Dann noch einmal für einige Minuten in den Backofen stellen.

Das Mus in Gläser füllen und etwas Whisky oder Rum darüber träufeln. Gläser sofort verschließen.

Tipp Statt Piment kann man etwas gemahlenen Ingwer unterrühren. Aus dem würzigen Pflaumenmus lässt sich schnell eine Soße zubereiten.

Sanddorn-Fruchtaufstrich

Zutaten (für 4 Gläser à 200 ml)

500 ml Sanddornmark
400 ml Orangensaft
1 Päckchen Orangenschale
500 g Gelierzucker 2:1

Zubereitung

Sanddornmark, Orangensaft und Orangenschale mit dem Gelierzucker in einem großen Topf mischen. Unter Rühren zum Kochen bringen und ca. 5 Minuten sprudelnd kochen lassen. Fruchtaufstrich in Gläser füllen und fest verschließen.

Hagebutten-Apfel-Konfitüre

Zutaten (für 6–7 Gläser à 200 ml)

800 g Hagebutten
500 g Äpfel
Schale von 1 unbehandelten Orange
500 g Gelierzucker 2:1

Zubereitung

Hagebutten waschen, Stiele und Blüten entfernen. Früchte halbieren, entkernen, nochmals waschen. Mit 250 Millilitern Wasser in einen großen Topf geben und zugedeckt in ca. 20 Minuten weich kochen. Hagebutten herausnehmen, Kochwasser aufheben. Hagebutten durch ein Sieb streichen. 500 Gramm Fruchtmark abwiegen. Äpfel waschen, schälen, entkernen und in kleine Würfel schneiden. Die Fruchtmasse mit dem Kochwasser, Orangenschale und Gelierzucker mischen. Unter Rühren zum Kochen bringen, ca. 5 Minuten unter Rühren sprudelnd kochen lassen. Heiß in Gläser füllen und sofort verschließen.

Tipp Die Hagebutten-Apfel-Konfitüre schmeckt nicht nur auf Brot. Sie passt hervorragend als Beilage zu Wildgerichten.

Quitten-Apfel-Gelee

Zutaten (für 4–5 Gläser à 200 ml)

1 kg Quitten
500 g Äpfel
2 Zimtstangen
1 kg Gelierzucker

Zubereitung

Quitten und Äpfel waschen, Stiele und Blüten entfernen und mit Schale und Kerngehäuse in Stücke schneiden. Quitten- und Apfelstücke mit den Zimstangen in einen Topf geben und knapp mit Wasser bedeckt weich kochen.

Saft durch ein Tuch ablaufen lassen. 1 Liter kalten Saft mit dem Zucker in einem Topf verrühren. Zum Kochen bringen und unter Rühren ca. 5 Minuten sprudelnd kochen lassen. Zimtstangen entfernen und das Gelee in Gläser füllen.

Tipp Seit alters her wird die Quitte wegen ihres hohen Pektingehalts zu Gelee verarbeitet. Nur vollreife Früchte kommen für dieses Gelee in Frage.

Adventskonfitüre

Zutaten (für 3–4 Gläser à 200 ml)

300 ml Rotwein
100 ml frisch gepresster Orangensaft
2 Gewürznelken
½ TL Zimt
500 g Gelierzucker 2:1
2 EL Mandelblättchen
2 EL Rosinen
600 g säuerliche Äpfel

Zubereitung

Rotwein in einen großen Topf geben und alle Zutaten außer den Äpfeln einrühren, am besten über Nacht ziehen lassen.

Äpfel waschen, schälen, entkernen und in kleine Würfel schneiden. 500 Gramm abwiegen, in das durchgezogene Rotwein-Gewürz-Gemisch geben und zum Kochen bringen. Ca. 5 Minuten unter Rühren sprudelnd kochen lassen, Schaum abschöpfen, in Gläser füllen und fest verschließen.

Tipp Das Aroma wird kräftiger, wenn man die Mandelblättchen vorher kurz in einer Pfanne ohne Fett anröstet.

Honig-Silberzwiebeln

Zutaten (für 3–4 Gläser à 375 ml)

1 kg Schalotten
50 g Meersalz
1 Stück Ingwer
4 Knoblauchzehen
4 rote Chilischoten
500 ml Olivenöl
100 ml Weißweinessig
4 Lorbeerblätter
5 Gewürznelken
1 TL Fenchelsamen
1 TL Salz
150 g flüssiger Honig

Zubereitung

Ungeschälte Schalotten in reichlich kochendes Wasser geben. Zwiebeln kurz darin ziehen lassen und über einem Sieb abgießen. Mit kaltem Wasser übergießen und Haut abziehen. Schalotten in eine Schüssel geben und mit Meersalz mischen. Ca. 12 Stunden ruhen lassen, dann gründlich mit kaltem Wasser abspülen und abtropfen lassen.

Ingwer und Knoblauch schälen und beides fein hacken. Chilischoten waschen, aufschlitzen, entkernen und ebenfalls fein hacken.

200 Milliliter Öl in einem weiten Topf erhitzen. Gut abgetropfte Schalotten darin leicht dünsten, herausnehmen und in einer Schüssel mit dem Essig mischen.

Ingwer, Knoblauch, Chilis und alle anderen Gewürze im verbliebenen Bratöl unter Rühren dünsten. Salz einrühren und die Gewürzmischung mit den Zwiebeln mischen. Restliches Öl in den Topf geben, erwärmen und mit dem Honig verrühren.

Schalotten samt Marinade in Gläser füllen, mit dem Honigöl bedecken und fest verschließen.

Die Silberzwiebeln mindestens 4 Wochen in der Marinade ziehen lassen.

Tipp Schon Römer und Griechen begeisterten sich für Schalotten, eine Zwiebelpflanze, der man die Wirkung eines Aphrodisiakums zuschrieb. Schalotten sind nicht viel größer als Knoblauchzehen und ihr Fruchtfleisch schmeckt saftig und mild.

Abtei St. Hildegard

Das Kloster unterhält ein 6,5 Hektar umfassendes Weingut, dessen Geschichte bis in die Gründungszeit zurückreicht. Laut Hildegard von Bingen ist der „Wein nämlich das Blut der Erde. Er erfreut den Menschen mit seiner gesunden Wärme und seiner großen Kraft". In erster Linie ist eine Schwester zusammen mit einem Kellermeister für das Gut verantwortlich, an der Weinlese im Oktober beteiligen sich aber möglichst viele Schwestern der Gemeinschaft, unterstützt von zahlreichen freiwilligen Helfern, die sogar einen „Weinlesehelfer-Freundeskreis" gebildet haben. Die Ernte kann in Form von Weinflaschen im Klosterladen oder online erworben werden.

Schalotten in Rotwein

Zutaten (für 3–4 Gläser à 200 ml)

1 kg Schalotten
60 g Meersalz
4 Stängel Estragon
350 ml Rotweinessig
2 EL Zucker, 150 ml Rotwein
3 Lorbeerblätter

Zubereitung

Schalotten in kochendem Wasser kurz blanchieren, kalt abschrecken und schälen. Mit dem Salz in einer Schüssel mischen und mehrere Stunden ziehen lassen. Schalotten gründlich abwaschen und mit Küchenkrepp abtrocknen.

Zwiebeln mit dem gewaschenen Estragon in Gläser füllen. Essig, 250 Milliliter Wasser, Zucker, Wein und Lorbeerblätter in einen Topf geben, aufkochen und über die Zwiebeln in den Gläsern gießen.

Tipp Die Zwiebeln müssen mindestens 4 Wochen ziehen, um den vollen Geschmack zu entwickeln. Schalotten sind eine ideale Zutat zum Säuern. Sie bereichern jeden Salat, schmecken in Soßen oder einfach zu einer Brotzeitplatte.

Eingelegte Pilze

Zutaten (für 3 Gläser à 500 ml)

400 g kleine Champignons
250 g Pfifferlinge
125 ml Weißwein
125 ml Cognac-Essig
3 Knoblauchzehen
1 rote Zwiebel
1 Lorbeerblatt
Salz
1 Stängel Rosmarin
2 Stängel Majoran
125 ml Olivenöl
500 ml Maiskeimöl

Zubereitung

Champignons und Pfifferlinge putzen. 750 Milliliter Wasser, Weißwein und Essig in einen Topf geben.

Knoblauch und Zwiebel schälen, Zwiebel in Ringe schneiden. Knoblauch, Zwiebel, Lorbeerblatt und etwas Salz in den Topf geben und ca. 2 Minuten kochen.

Pilze in den Sud geben und ca. 2 Minuten köcheln lassen, herausnehmen, über einem Sieb abtropfen lassen. Pilze mit Küchenkrepp trocken tupfen und abkühlen lassen.

Rosmarin und Majoran waschen und trocken tupfen. Pilze, Zwiebeln, Knoblauch und Kräuter in Gläser geben, beide Öle miteinander mischen und darüber gießen.

Tipp Frische Pilze müssen nicht abgewaschen werden. Es reicht, sie vor der Zubereitung mit einer Bürste oder mit Küchenkrepp zu reinigen.

Pilze passen eigentlich überall dazu, besonders gut zu allen Fleischgerichten. Auch Soßen lassen sich mit den eingelegten Pilzen verfeinern.

Pikanter Orangenkürbis

Zutaten (für 2–3 Gläser à 375 ml)

700 g Kürbisfleisch
300 ml Weißweinessig,
60 ml Weißwein

150 g Zucker
½ TL Salz
2 Lorbeerblätter

½ unbehandelte Orange
1 kleine rote Chilischote

Zubereitung

Kürbis in mundgerechte Stücke schneiden. Essig, Wein, 60 Milliliter Wasser, Zucker und Salz mit Lorbeerblättern in einen Topf geben und aufkochen. Kürbiswürfel zugeben und so lange köcheln lassen, bis die Kürbiswürfel gerade weich sind. Orange waschen, vierteln und mitsamt Schale in feine Scheiben schneiden. Stiel und Kerne der Chilischote entfernen und die Schote in feine Scheiben schneiden. Orange und Chili zum Kürbis geben und ca. 5 Minuten köcheln lassen. In Gläser füllen und sofort verschließen. Ca. 2 Wochen vor dem Verzehr ziehen lassen.

Klosterwissen

Heute selbstverständliche Zitrusfrüchte wie Orangen und Zitronen wurden in Mitteleuropa erst im Barockzeitalter im Zuge der Errichtung von Orangerien an europäischen Fürstenhöfen bekannt. Auch manche Klöster, vor allem solche des Prälatenordens, leisteten sich Orangerien, wie das Kloster Bronnbach (18. Jh.), das Chorherrenstift Dießen (18. Jh.), das Kloster Haydau (16. Jh.), das Kloster Seligenstadt (18. Jh.) und das Kloster Neuzelle (18. Jh.). Wenige davon sind heute noch erhalten oder wurden restauriert, wie die Orangerie des Klosters Neuzelle.

Süß-sauer eingelegte Gurken

Zutaten (für 2–3 Gläser à 375 ml)

1 Salatgurke
50 g Zucker
4 EL Weinessig
5 Stängel Dill
2 Stängel Estragon
2 Lorbeerblätter
1 TL Senfkörner
100 g Joghurt
etwas Sherryessig
Salz
weißer Pfeffer

Zubereitung

Gurke schälen und längs halbieren, entkernen und in dünne Scheiben schneiden. 250 Milliliter Wasser, Zucker, Essig, Dill, Estragon, Lorbeerblätter und Senfkörner in einen Topf geben und aufkochen. Gurkenscheiben zufügen, erneut aufkochen und dann abkühlen lassen. Gut zugedeckt bei Zimmertemperatur einen Tag ziehen lassen.

Alles über einem Sieb abgießen und die Gewürze so gut wie möglich entfernen (Gurkensud dabei aufbewahren). Dill fein hacken und mit dem Joghurt, 3 Esslöffeln Gurkensud und etwas Sherryessig verrühren. Gurken hineingeben, mit Salz und Pfeffer würzen und mischen. Gurken in Gläser füllen und sofort verschließen. Kühl aufbewahren.

Soleier

Zutaten (für 10 Stück)

10 Eier
500 ml Weinessig
2 Schalotten
Schale von 2 Zwiebeln
1 El Kümmel
5 Pfefferkörner
1 Chilischote
2 Knoblauchzehen
1 Tl Thymian
1 Tl Rosmarin
5 El Salz

Zubereitung

Eier in 10 Minuten hart kochen.

Aus 500 Millilitern Wasser und den restlichen Zutaten einen Sud kochen.

Eierschalen leicht anschlagen und Eier in ein großes Glas legen. Den abgekühlten Sud darüber gießen, das Glas verschließen und die Eier einige Tage darin ziehen lassen. Innerhalb von 2 Wochen verbrauchen.

Tipp Die Zwiebelschale färbt die Eier gelb. Soleier schmecken auch gut auf Brot, zu kalten Platten oder als Salatzutat.

„Abraham eilte in das Zelt zu Sara und sagte:
Schnell, nimm drei Maß feines Mehl,
knete es und backe Kuchen!"

(1. Mose 18,6)

Kuchen und Gebäck

Heidelbeerdatschi

Zutaten *(für 20 Stück)*

3–4 EL Honig
1 Würfel Hefe
250 ml Milch
200 g Butterschmalz
500 g Dinkelmehl (oder Weizenmehl)
3 Eigelb
½ TL Zimt
Fett für das Blech
1 Päckchen Sahnesteif
330 g frische Heidelbeeren (oder TK-Produkt)
100 g brauner Zucker

Zubereitung

Honig und Hefe in lauwarmer Milch auflösen. Butterschmalz, Mehl, Eigelb und Zimt zugeben, alles zu einem glatten Teig verarbeiten. Ca. 15 Minuten gehen lassen.

Teig noch einmal gut durchkneten und auf einem gefetteten Backblech ausrollen. Mit der Gabel mehrmals einstechen und ca. 10 Minuten gehen lassen. Backofen auf 200 °C (Umluft: 180 °C) vorheizen.

Sahnesteif auf dem Teig verteilen. Heidelbeeren waschen, gut abtropfen lassen und darüber verteilen. Datschi im vorgeheizten Backofen ca. 20–30 Minuten backen.

Zucker über den heißen Kuchen streuen und am besten noch warm servieren.

Klosterwissen

Einfache, aber deshalb nicht minder schmackhafte Kuchen wie der Heidelbeerdatschi gehören ins feste Repertoire einer Klosterbäckerei, die in früheren Zeiten häufig „pistrinum“ genannt wurde. Das lateinische Wort bezeichnet in seiner Ursprungsbedeutung eine Stampfmühle, in der das Getreide zur Mehlherstellung vermahlen wurde.

Hefezopf mit Rosinen

Zutaten (für 15 Stück)

250 ml Milch
8 EL Öl
abgeriebene Schale von 1 unbehandelten Zitrone
80 g Zucker
½ TL Salz
500 g Mehl
1 Würfel Hefe
150 g Rosinen
Fett für das Blech
1 Eigelb
Hagelzucker

Zubereitung

Lauwarme Milch, Öl, Zitronenschale, Zucker, Salz und Mehl in eine Schüssel geben. Hefe zerbröckeln und darüber verteilen. Alle Zutaten mit einem Handrührer zuerst auf der niedrigsten Stufe und dann auf der höchsten Stufe so lange verkneten, bis sich der Teig vom Schüsselrand löst. Zuletzt die Rosinen unter den Teig kneten. Die Schüssel mit dem Hefeteig mit einem Baumwolltuch abdecken und an einem warmen Ort ca. 30 Minuten gehen lassen.

Aus dem Teig 3 Rollen von je 30 Zentimetern Länge formen und zu einem Zopf flechten. Die Enden etwas festdrücken. Backofen auf 200 °C (Umluft: 180 °C) vorheizen. Auf ein gefettetes oder mit Backpapier ausgelegtes Backblech legen, nochmals gehen lassen. Hefezopf im vorgeheizten Backofen ca. 25 Minuten backen.

Hefezopf ca. 10 Minuten vor Ende der Backzeit mit Eigelb bestreichen und mit Hagelzucker bestreuen.

Apfelstreusel

Zutaten (für 12 Stück)

700 g Mehl
½ Würfel Hefe
250 g Zucker
125 ml Milch
240 g Butter
1 Ei
1 Prise Salz
abgeriebene Schale von 1 unbehandelten Zitrone
1½ kg säuerliche Äpfel
Fett für das Backblech
3 EL Paniermehl
100 g Korinthen
1 Päckchen Vanillezucker

Zubereitung

350 Gramm Mehl in eine Schüssel sieben und in die Mitte eine Mulde drücken. Hefe zerbröckelt in die Mulde geben und 20 Gramm Zucker zugeben. Lauwarme Milch zugießen, alles vermischen und zu einem glatten Teig verarbeiten. Ca. 15 Minuten ruhen lassen.

40 Gramm Butter schmelzen. 30 Gramm Zucker, Ei, Salz und Zitronenschale in den Teig geben und verkneten, bis sich der Teig vom Schüsselrand löst. Ca. 20 Minuten ruhen lassen. Backofen auf 200 °C (Umluft 180 °C) vorheizen.

Äpfel waschen, schälen, vierteln und Kerngehäuse entfernen. In dünne Spalten schneiden. Backblech einfetten, Teig darauf ausrollen. Teig mit Paniermehl bestreuen, mit Apfelscheiben belegen und Korinthen darüber verteilen.

Restliches Mehl, Zucker und Vanillezucker vermischen. Restliche Butter zerlassen, zugießen und zu einem glatten Teig verarbeiten. Mit den Händen zu Streuseln reiben und auf den Apfelscheiben verteilen. Im vorgeheizten Backofen ca. 30–40 Minuten backen.

Streuselkuchen mit Sauerkirschen

Zutaten (für 16 Stück)

325 g Margarine
350 g Zucker
3 Eier
1 Prise Salz

1 ½ TL abgeriebene Schale von 1 unbehandelten Zitrone
575 g Mehl
4 TL Backpulver
Fett für das Blech

25 g Mandeln (gehackt)
½ TL Zimt
2 Gläser Sauerkirschen (Abtropfgewicht à 370 g)
1 EL Hagelzucker

Zubereitung

200 Gramm Margarine und 200 Gramm Zucker mit dem Handrührer verrühren, bis sich der Zucker aufgelöst hat.

Eier nacheinander zugeben und schaumig rühren. Salz und 1 Teelöffel Zitronenschale zufügen. 375 Gramm Mehl und Backpulver mischen, in den Teig sieben und gut unterrühren.

Den Teig auf ein gefettetes Backblech streichen. Backofen auf 200 °C (Umluft: 180 °C) vorheizen.

Restliche Margarine schaumig rühren. Restliches Mehl, restlichen Zucker, Mandeln, restliche Zitronenschale und Zimt unterrühren. Zu Streuseln zusammendrücken.

Streusel und abgetropfte Sauerkirschen abwechselnd diagonal auf dem Teig verteilen. Kuchen im vorgeheizten Backofen ca. 30 Minuten backen. Den noch warmen Kuchen mit Hagelzucker bestreuen.

Kirschrolle

Zutaten *(für 18 Stück)*

5 Eier
180 g Zucker
100 g Speisestärke
80 g Mehl
1 TL Backpulver
200 ml Milch
1 TL Vanillezucker
15 g Mohn (gemahlen)
200 g Sahne
4 EL Kirschkonfitüre
150 g entsteinte Sauerkirschen (frisch oder aus dem Glas)
Puderzucker zum Bestäuben

Zubereitung

Backofen auf 220 °C (Umluft: 200 °C) vorheizen. 4 Eier trennen. Eiweiß und 4 Esslöffel kaltes Wasser mit einem Handrührer auf höchster Stufe steif schlagen. 160 Gramm Zucker unter Schlagen einrieseln lassen. Gerät auf niedrigste Stufe umschalten. Eigelb leicht unter die Eiweißmasse ziehen. 80 Gramm Speisestärke, Mehl und Backpulver mischen und darunter heben.

Biskuitmasse gleichmäßig auf ein mit Backpapier ausgelegtes Backblech streichen. Biskuit im vorgeheizten Backofen ca. 12–15 Minuten backen.

Biskuitplatte auf ein sauberes Geschirrtuch stürzen und das Papier abziehen. Die Ränder der Platte flach drücken und mithilfe des Tuchs aufrollen. Erkalten lassen.

1 Ei trennen. Restliche Speisestärke und Eigelb in genügend kalter Milch anrühren. Restliche Milch mit restlichem Zucker, Vanillezucker und Mohn zum Kochen bringen. Angerührte Speisestärke zugießen und unter Rühren kurz aufkochen lassen. Eiweiß steif schlagen und unterziehen, nochmals kurz aufkochen. Unter Rühren erkalten lassen. Sahne steif schlagen und unterziehen.

Biskuit ausrollen und mit Kirschkonfitüre und Mohncreme bestreichen. Kirschen darauf verteilen und leicht in die Creme drücken. Biskuitplatte wieder aufrollen. Mit Puderzucker bestäuben.

Minziger Schokoladenkuchen

Zutaten (für 20 Stück)

3 Eier
140 g Zucker
50 g Mehl
1 TL Backpulver
80 g Speisestärke
3 ½ EL Kakao
60 g Haselnüsse (gehackt)
45 g Margarine
Fett für die Form
250 ml Milch
30 g Zartbitterschokolade
125 g Sahne
1–2 EL Minzlikör
200 g Schokoladenglasur
Pfefferminzblättchen zum Verzieren

Zubereitung

Backofen auf 190 °C (Umluft: 170 °C) vorheizen. Magarine auf dem Herd oder in der Mikrowelle schmelzen und anschließend auskühlen lassen. Eier trennen. Eiweiß und 3 Esslöffel kaltes Wasser mit einem Handrührer auf höchster Stufe sehr steif schlagen. 120 Gramm Zucker unter Rühren einrieseln lassen. Gerät auf niedrigste Stufe umschalten. Eigelb leicht unter die Eiweißmasse ziehen. Mehl, Backpulver, 50 Gramm Speisestärke und 3 Esslöffel Kakao mischen, unterheben. Gehackte Haselnüsse und abgekühlte Margarine unterziehen.

Biskuitmasse in eine nur am Boden gefettete Kastenform (30 Zentimeter Länge) füllen. Biskuit im vorgeheizten Backofen ca. 35–45 Minuten backen. Erkalten lassen und der Länge nach zweimal durchschneiden. Restliche Speisestärke und restlichen Kakao in kalter Milch anrühren. Restliche Milch mit restlichem Zucker und zerkleinerter Schokolade unter Rühren zum Kochen bringen. Die angerührte Speisestärke zugießen und unter Rühren kurz aufkochen lassen. Creme unter Rühren erkalten lassen. Sahne steif schlagen und unterziehen. Mit Minzlikör abschmecken. Biskuitstreifen mit Creme bestreichen und wieder zusammensetzen. Schokoladenglasur erwärmen, bis sie dickflüssig ist, und den Kuchen damit überziehen. Mit Minzblättchen verzieren.

Kloster Bonladen

Zu den Aufgaben der Franziskanerinnen gehören die Bewirtschaftung der Gärtnerei, die seit 2011 den Richtlinien des ökologischen Biolandverbandes unterliegt, und das Klostercafé, das täglich geöffnet hat und mit Torten, Kuchen, Eis und mehr lockt.

Ein besonderes Angebot für Kommunionkinder ist das gemeinsame Backen der Hostien, um die christliche Tradition des gemeinsamen Mahlhaltens hautnah zu erleben und nach der Vorführung gemeinsam „das Brot zu brechen“ (allerdings in Form eines Rosenkuchens).

Rosenkuchen

Zutaten (für 12 Stück)

400 g Mehl
1 Würfel Hefe
140 g Zucker
250 ml Milch
100 g Butter
1 Päckchen Vanillezucker

1 Prise Salz
abgeriebene Schale von ½ unbehandelten Zitrone
½ TL Zimt
1 Msp. gemahlene Nelken
2 EL Kakaopulver

300 g gemahlene Nüsse (Haselnüsse oder Walnüsse)
2 Eiweiß
Fett für die Form
2 Eigelb

Zubereitung

Mehl in eine Schüssel sieben, in die Mitte eine Mulde drücken. Hefe hinein bröckeln, 1 Esslöffel Zucker und etwas Milch dazugeben und mit etwas Mehl vom Rand vermischen. Vorteig zugedeckt an einem warmen Ort ca. 15 Minuten gehen lassen.

120 Milliliter Milch, weiche Butter sowie 30 Gramm Zucker, Vanillezucker, Salz und Zitronenschale zum Vorteig geben. Mit der Küchenmaschine oder den Knethaken des Handrührers zu einem glatten Teig verarbeiten. Abgedeckt an einem warmen Ort ca. 50 Minuten gehen lassen.

125 Milliliter Milch zusammen mit 100 Gramm Zucker, Zimt, Nelken und Kakaopulver aufkochen. Vom Herd nehmen und die gemahlenen Nüsse einrühren. Nachdem die Masse etwas abgekühlt ist, die zu Schnee geschlagenen Eiweiße unterheben.

Den Teig kurz durchketen und auf einer leicht bemehlten Arbeitsfläche zu einem etwa einen halben Zentimeter dünnen Rechteck (ca. 30x40 Zentimeter) ausrollen. Die Nussfüllung darauf verstreichen und den Teig von der Längsseite her aufrollen. Teigrolle in 12 Scheiben schneiden und mit der Schittfläche nach oben kreisförmig in einer gefetteten Springform anordnen. Teig abgedeckt an einem warmen Ort weitere 20 Minuten gehen lassen.

Backofen auf 200 °C (Umluft: 180 °C) vorheizen. Eigelbe und 1 Esslöffel Wasser verschlagen und den Kuchen damit bestreichen.

Kuchen im vorgeheizten Backofen ca. 50 Minuten backen.

Erfrischende Beerentorte

Zutaten (für 16 Stück)

2 Eier
200 g Zucker
40 g Speisestärke
40 g Mehl
1 TL Backpulver
50 g Mandeln (gemahlen)
20 g Margarine
Fett für die Form
750 g Beerenmischung
400 g Sahne
400 g Frischkäse
Saft von 1 Zitrone
abgeriebene Schale von 1 unbehandelten Zitrone
8 Blatt Gelatine
1 Päckchen klarer Tortenguss
250 ml roter Fruchtsaft
50 g Mandelblättchen

Zubereitung

Backofen auf 190 °C (Umluft: 170 °C) vorheizen. Magarine auf dem Herd oder in der Mikrowelle schmelzen und anschließend auskühlen lassen. Eier trennen. Eiweiß und 2 Esslöffel kaltes Wasser mit dem Handrührer auf höchster Stufe sehr steif schlagen. 80 Gramm Zucker unter Schlagen einrieseln lassen. Eigelb mit der niedrigsten Stufe des Handrührers unter die Eiweißmasse ziehen. Speisestärke, Mehl, Backpulver und gemahlene Mandeln mischen, unterheben. Zuletzt die nicht mehr heiße Margarine unter die Biskuitmasse ziehen.

Biskuitmasse in eine nur am Boden gefettete runde Backform (26 Zentimeter) füllen. Biskuit im vorgeheizten Backofen ca. 15–25 Minuten backen. Nach dem Backen den Tortenboden in der Form erkalten lassen. Beeren waschen und verlesen. 300 Gramm Sahne steif schlagen. Frischkäse mit Zitronensaft, Zitronenschale und 100 Gramm Zucker verrühren. Gelatine ca. 10 Minuten in kaltem Wasser einweichen, ausdrücken und in einem Topf bei schwacher Hitze unter Rühren auflösen. Gelatine unter die Frischkäsemasse rühren. Sobald die Masse anfängt anzuziehen, 500 Gramm Beerenobst und steif geschlagene Sahne unterheben.

Beeren-Frischkäse-Masse auf den Tortenboden verteilen und glatt streichen. Torte im Kühlschrank fest werden lassen. Torte mit den restlichen Beeren belegen. Tortenguss nach Packungsanweisung mit restlichem Zucker und Saft zubereiten. Etwas abkühlen lassen und auf den Beeren verteilen. Guss fest werden lassen. Restliche Sahne steif schlagen. Torte aus der Form lösen und den Rand mit Sahne bestreichen, mit Mandelblättchen verzieren.

Nuss-Nugat-Kuchen

Zutaten (für 16 Stück)

150 g Margarine
250 g Zucker
1 Prise Salz
5 Eier
250 g Quark
200 g Nugat
300 g Haselnüsse (gemahlen)
200 g Mehl
1 Päckchen Backpulver
Fett für die Form
Puderzucker zum Bestäuben

Zubereitung

Backofen auf 175 °C (Umluft: 155 °C) vorheizen. Margarine, Zucker und Salz mit dem Handrührer zu einem cremigen Teig verarbeiten. Eier nacheinander zufügen. Quark in einem sauberen Baumwolltuch ausdrücken.Nugatmasse auf dem Herd oder in der Mikrowelle schmelzen. Zusammen mit den Haselnüssen zugeben. Mehl mit Backpulver mischen, sieben und unterrühren.

Runde Backform (26 Zentimeter) fetten, Teig einfüllen und glatt streichen. Kuchen im vorgeheizten Backofen ca. 1 Stunde backen.

Abgekühlten Kuchen mit Puderzucker bestäuben.

Tipp Zu diesem Kuchen schmeckt eine Himbeersoße sehr gut.

Möhrentorte

Zutaten *(für 12 Stück)*

300 g Möhren
200 g Puderzucker
abgeriebene Schale von 1 unbehandelten Zitrone
5 Eier

200 g Mehl
1 TL Backpulver
100 g Haselnüsse (gemahlen)
125 g Margarine
Fett für die Form

60 g Mandeln (gehackt)
100 g Aprikosenfruchtaufstrich oder Orangenmarmelade
12 Marzipanmöhren

Zubereitung

Backofen auf 180 °C (Umluft: 160 °C) vorheizen. Möhren schälen, fein raspeln, mit 100 Gramm Puderzucker und Zitronenschale in einer Rührschüssel vermischen. Masse ziehen lassen.

Eier trennen, Eiweiß mit 100 Gramm Puderzucker steif schlagen. Mehl mit dem Backpulver mischen und sieben. Mehl, Haselnüsse, Eigelb und Margarine mit einem Handrührer zu einem Teig verarbeiten und die Möhrenmischung unterrühren. Eischnee vorsichtig unterheben. Runde Springform (26 Zentimeter) fetten und mit gehackten Mandeln ausstreuen.

Teig in die Form geben und im vorgeheizten Backofen ca. 50 Minuten backen. Fertigen Kuchen in der Backform auskühlen lassen. Aprikosenfruchtaufstrich oder Orangenmarmelade in einem Topf erwärmen, den ausgekühlten Kuchen damit bestreichen und mit Marzipanmöhren verzieren.

Apfelküchlein

Zutaten (für 16 Stück)

500 g Mehl
300 g Zucker
1 Würfel Hefe
140 ml Milch
80 g Margarine
2 Eier
300 g säuerliche Äpfel
50 g Sultaninen
50 g Korinthen
75 g Orangeat
Öl zum Ausbacken
Zimt

Zubereitung

Mehl und 100 Gramm Zucker in eine Rührschüssel geben. In die Mitte eine Mulde drücken. Zerbröckelte Hefe in der Hälfte der lauwarmen Milch auflösen und in die Mulde gießen. Ca. 20 Minuten gehen lassen.

Eier verschlagen. Margarine in der restlichen Milch schmelzen, Eier zufügen und zum Vorteig geben. Alles zu einem geschmeidigen Hefeteig verkneten. Zugedeckt nochmals ca. 30 Minuten an einem warmen Ort gehen lassen.

Äpfel waschen, schälen, vom Kerngehäuse befreien und fein würfeln. Mit Sultaninen, Korinthen und Orangeat unter den Teig kneten. Nochmals ca. 15 Minuten gehen lassen.

Öl in einem großen Topf auf 170 °C erhitzen. Mit 2 Esslöffeln kleine Küchlein abstechen und portionsweise im heißen Fett ca. 4 Minuten goldbraun ausbacken. Aus dem Fett nehmen, abtropfen lassen. Restlichen Zucker und Zimt mischen und Küchlein darin wälzen.

Rhabarberkuchen mit Ingwerstreuseln

Zutaten (für 20 Stück)

150 g Soft-Ingwer
700 g Mehl
250 g brauner Zucker
1 Prise Salz
300 g Margarine
1 kg Rhabarber
2 EL Zucker

Zubereitung

Ingwer fein hacken. Mehl, Zucker und Salz mischen. Margarine in kleinen Stücken zugeben und mit den Knethaken des Handrührers verkneten, bis etwa erbsengroße Streusel entstehen (oder die Zutaten mit den Händen zu Streuseln reiben). Backofen auf 170 °C (Umluft: 150 °C) vorheizen.

Rhabarber putzen, waschen, längs halbieren und in ca. 4 Zentimeter große Stücke schneiden. Mit dem Zucker mischen.

Hälfte vom Streuselteig auf das mit Backpapier ausgelegte Backblech drücken. Mit Rhabarber belegen. Andere Hälfte der Streusel mit dem Ingwer vermischen und über dem Rhabarber verteilen.

Kuchen im vorgeheizten Backofen auf der mittleren Schiene ca. 45 Minuten backen.

Kürbis-Muffins

Zutaten (für 12 Stück)

250 g Kürbis
325 g Mehl
60 g brauner Zucker
1 TL Zimt
50 g Butter

1 TL Backpulver
etwas frisch geriebener Muskat
¼ TL Ingwer
1 Prise Salz
125 g Zucker

2 Eier
6 EL Öl
125 g saure Sahne
Fett für die Form

Zubereitung

Backofen auf 200 °C (Umluft: 180 °C) vorheizen. Kürbis säubern, entkernen, grobe Fasern entfernen, fein raspeln. 100 Gramm Mehl, brauner Zucker, Zimt und geschmolzene Butter mit einer Gabel zu Streuseln verarbeiten.

225 Gramm Mehl, Backpulver, Muskat, Ingwer und Salz in einer Schüssel miteinander vermengen. In einer weiteren Schüssel Zucker, Eier, Öl und saure Sahne vermischen. Kürbis unterheben. Feuchte Zutaten mit Mehlmischung vermengen.

Muffinteig in gefettete Muffinformen geben. Je einen Teelöffel der Streuselmischung über den Teig verteilen. Im vorgeheizten Backofen ca. 25 Minuten backen.

Klosterwissen

Der heute bekannte Speisekürbis kam erst durch die Entdeckung Amerikas nach Europa. Der Flaschenkürbis hingegen wurde als eine der ältesten Kulturpflanzen auch schon im Mittelalter angebaut. Walahfrid Strabo beschreibt ihn als eine der 24 essenziellen Pflanzen des Klostergartens in seinem „Hortulus“.

Birnenkuchen

Zutaten (für 20 Stück)

350 g Margarine
350 g Zucker
1 Päckchen Vanillezucker
4 Eier
450 g Mehl
1 Päckchen Backpulver
150 g Speisestärke
1 Prise Salz
50 ml Milch
1 Dose Birnen
150 g Marzipanrohmasse
15 g Mohn
25 g Mandelblättchen

Zubereitung

250 Gramm Margarine, 250 Gramm Zucker und Vanillezucker mit den Quirlen des Handrührers schaumig rühren. Eier einzeln unterrühren. 250 Gramm Mehl, Backpulver, Speisestärke und Salz mischen, sieben und abwechselnd mit Milch löffelweise unter die Margarinemasse geben. Teig auf ein mit Backpapier belegtes Backblech geben.

Birnen über einem Sieb abtropfen lassen, vierteln und auf der Teigmasse verteilen. Backofen auf 180 °C (Umluft: 160 °C) vorheizen.

Restliche Margarine, restlichen Zucker, restliches Mehl, Marzipan und Mohn mischen und zu einem Teig verkneten. Streusel über die Birnen geben und mit den Mandelblättchen bestreuen. Im vorgeheizten Backofen ca. 40 Minuten backen.

Gugelhupf

Zutaten (für 16 Stück)

150 g dunkle Kuvertüre
125 ml Milch
5 Eier
70 g Puderzucker
100 g Zucker
1 Päckchen Vanillezucker
1 Prise Salz
abgeriebene Schale von 1 unbehandelten Zitrone
250 g Margarine
200 g Mehl
½ Päckchen Backpulver
30 g Speisestärke
50 g Mandeln (gehackt)
Fett und Paniermehl für die Form

Zubereitung

Kuvertüre grob hacken, in der Milch bei kleiner Hitze schmelzen und etwas abkühlen lassen. Eier trennen, Eiweiß und 50 Gramm Puderzucker zu steifem Eischnee schlagen.

Backofen auf 175 °C (Umluft: 155 °C) vorheizen. Zucker, Vanillezucker, Salz, Zitronenschale und Margarine mit den Quirlen des Handrührers schaumig rühren. Eigelbe nacheinander zufügen und unter die Creme rühren. Mehl, Backpulver und Speisestärke mischen, sieben und löffelweise unter die Creme rühren.

Den Teig halbieren, in eine Hälfte des Teigs die geschmolzene Kuvertüre rühren, in die andere Hälfte die gehackten Mandeln rühren. Den Eischnee halbieren und je eine Hälfte vorsichtig unter jeden Teig ziehen. Die Teige abwechselnd in die gefettete, mit Paniermehl ausgestreute Form (21 Zentimeter Durchmesser) füllen und im vorgeheizten Backofen ca. 1 Stunde backen.

Den fertigen Kuchen ca. 10 Minuten in der Form lassen, danach zum Auskühlen auf ein Kuchengitter stürzen. Den ausgekühlten Gugelhupf mit restlichem Puderzucker bestäuben und servieren.

Orangengugelhupf

Zutaten (für 16 Stück)

250 g Margarine
250 g Zucker
1 Päckchen Vanillezucker
5 Eier

abgeriebene Schale von
1 unbehandelten Orange
500 g Mehl
1 Päckchen Backpulver

230 ml Orangensaft
Fett für die Form
1 EL Orangenlikör
200 g Orangenmarmelade

Zubereitung

Backofen auf 175 °C (Umluft: 155 °C) vorheizen. Margarine, Zucker und Vanillezucker mit den Quirlen des Handrührers cremig rühren. Nacheinander die Eier zugeben und unterrühren. Orangenschale zugeben und unterrühren. Mehl und Backpulver mischen, sieben und abwechselnd mit 200 Milliliter Orangensaft unterrühren.

Teig in eine gefettete Gugelhupfform (24 Zentimeter Durchmesser) füllen und glatt streichen. Im unteren Drittel des vorgeheizten Backofens ca. 1 Stunde und 15 Minuten backen.

Den fertigen Kuchen ca. 10 Minuten in der Form lassen, danach stürzen. Restlichen Orangensaft, Orangenlikör und Marmelade in einem kleinen Topf verrühren, aufkochen und den Kuchen damit bestreichen.

Aprikosentarte

Zutaten (für 12 Stück)

250 g Mehl
1 Prise Salz
½ Würfel Hefe
2 EL Zucker
125 ml Milch
50 g Margarine
50 g Butterkekse oder Löffelbiskuits
Fett für die Form
2 Eier
6 EL Sahne
1 kg Aprikosen
1 EL Puderzucker

Zubereitung

Mehl und Salz in eine Schüssel geben und in die Mitte eine Vertiefung eindrücken. Hefe und Zucker in der lauwarmen Milch auflösen und in die Vertiefung geben.

30 Gramm Margarine zerlassen und dem Vorteig zufügen. Mit den Knethaken des Handrührers zu einem glatten Teigball kneten. Den Teig zudecken und an einem warmen Ort ca. 45 Minuten gehen lassen.

Backofen auf 200 °C (Umluft: 180 °C) vorheizen. Kekse oder Biskuits in einem Gefrierbeutel zerdrücken. Die Form fetten. Teig ausrollen und hineinlegen, dabei einen Rand hochziehen. Den Teig mit Keksbröseln bestreuen, 20 Gramm Margarine in Flöckchen darauf verteilen. Eier und Sahne verschlagen und darüber gießen. Mit Aprikosenhälften belegen. Im vorgeheizten Backofen ca. 30 Minuten backen. Mit Puderzucker bestäuben.

Christstollen

Zutaten (für 20 Stück)

80 g Rosinen, 60 g Korinthen
60 g Zitronat, 30 g Orangeat
3 EL Rum
200 g Quark
8 EL Öl

125 g Zucker
2 TL Vanillezucker
abgeriebene Schale von 1 unbehandelten Zitrone
1 Ei

300 g Mehl
4 TL Backpulver
75 g Speisestärke
80 g Mandeln (gehackt)
Puderzucker

Zubereitung

Rosinen, Korinthen, Zitronat und Orangeat mit Rum vermischen und ca. 20 Minuten ziehen lassen.

Backofen auf 200 °C (Umluft: 180 °C) vorheizen. Quark mit Öl, Zucker, Vanillezucker, Zitronenschale und Ei mit dem Handrührer zu einer cremigen Masse verrühren. Mehl und Backpulver und Speisestärke sieben, vermischen und mit den Mandeln zufügen und verrühren. Früchtemischung unterheben.

Teig zu einem Stollen formen und auf ein mit Backpapier ausgelegtes Backblech legen.
Im vorgeheizten Backofen ca. 40–50 Minuten backen. Mit Puderzucker bestäuben.

Honigkuchen

Zutaten (für 12 Stück)

250 g Honig
100 g Margarine
3 Eier
125 g Zucker
375 g Mehl
2 TL Backpulver
2 EL Lebkuchengewürz
1 TL abgeriebene Schale von 1 unbehandelten Zitrone
2 EL Rum
1 EL Kakao
100 g Orangeat (gewürfelt)
100 g Zitronat (gewürfelt)
80 g Mandeln (gehackt)
80 g Mandeln (ganz)
60 g kandierte Kirschen zum Belegen

Zubereitung

Honig mit Margarine erhitzen und wieder abkühlen lassen. 2 Eier und Zucker schaumig schlagen. Die Honig-Margarine-Mischung untermischen und mit Mehl, Backpulver, Lebkuchengewürz, Zitronenschale, Rum, Kakao, Orangeat, Zitronat und gehackten Mandeln zu einem Teig verkneten.

Backofen auf 175 °C (Umluft: 155 °C) vorheizen. Honigkuchenteig auf ein mit Backpapier ausgelegtes Backblech geben und glatt streichen. Ganze Mandeln überbrühen, kalt abschrecken, dann die Haut abziehen. Belegkirschen halbieren und vierteln.

Im vorgeheizten Backofen ca. 20 Minuten backen. Eiweiß mit 1 Esslöffel Wasser verschlagen und den Honigkuchen damit bestreichen. Mit Mandeln und Kirschen belegen und nochmals ca. 5 Minuten backen.

Windbeutel mit Himbeercreme

Zutaten (für 12 Stück)

1 Prise Salz
65 g Butter
150 g Mehl
3–4 Eier
500 g frische Himbeeren
2 Blatt Gelatine, 500 g Sahne
3–4 El Zucker
Puderzucker
1 El Kakaopulver

Zubereitung

Backofen auf 220 °C (Umluft: 200 °C) vorheizen. 250 Milliliter Wasser in einem ausreichend großen Topf aufkochen und salzen. Butter zufügen und im heißen Wasser schmelzen. Mehl auf einmal in das Wasser schütten, dabei ständig rühren. Auf mittlerer Hitze so lange rühren, bis sich der Teig vom Topfboden löst.

Den Teigkloß in eine Rührschüssel umfüllen, sofort ein Ei zum Binden darunter rühren und die Masse abkühlen lassen. Die restlichen Eier nacheinander unterrühren und so lange durcharbeiten, bis der Teig eine glänzende Oberfläche hat.

Ein Backblech mit Backpapier auslegen und die Teigmasse in einen Spritzbeutel füllen und tennisballgroße Rosetten auf das Blech spritzen. Windbeutel im vorgeheizten Backofen ca. 20–30 Minuten backen.

Windbeutel noch heiß aufschneiden und auf einem Küchenrost auskühlen lassen. 150 Gramm Himbeeren pürieren. Gelatine ca. 10 Minuten in kaltem Wasser einweichen, ausdrücken und im warmen Wasserbad auflösen. Himbeerpüree mit der Gelatine vermischen.

Sahne steif schlagen, mit Zucker süßen und alles vorsichtig unter die Himbeermasse ziehen. Einige Minuten kalt stellen und die Windbeutel damit füllen. Die restlichen Beeren auf die Sahne setzen, den Deckel auflegen. Puderzucker und Kakaopulver mischen, in ein feines Sieb geben und das Gebäck damit bestäuben.

Tipp Während der ersten Hälfte der Backzeit nicht die Tür des Ofens öffnen, weil der Teig sonst sofort zusammenfällt!

Schokoladige Ecken

Zutaten (für 60 Stück)

250 g Butter
250 g Zucker
1 Päckchen Vanillezucker
6 Eier
250 g Zartbitterschokolade
100 g Mehl
3 EL Kakao
250 g Mandeln (gemahlen)
1 Prise Salz
200 g dunkle Kuvertüre
bunte Zuckerstreusel

Zubereitung

Weiche Butter, Zucker und Vanillezucker mit den Quirlen des Handrührers schaumig rühren. Eier einzeln gut unterrühren. Backofen auf 180 °C (Umluft: 160 °C) vorheizen.

Schokolade fein reiben. Mehl und Kakao mischen, sieben und mit Mandeln, Salz und der geriebenen Schokolade unter den Teig heben.

Teig auf ein mit Backpapier ausgelegtes Backblech streichen. Im vorgeheizten Backofen ca. 25 Minuten backen. Kuchen auf einem Kuchengitter auskühlen lassen.

Kuvertüre im Wasserbad schmelzen und wieder etwas abkühlen. Kuchen mit flüssiger Kuvertüre überziehen und mit Zuckerstreusel bestreuen. Bevor die Kuvertüre fest wird, den Kuchen erst in 30 Vierecke, dann jedes Stück quer in 60 Dreiecke schneiden.

Ingwerkekse

Zutaten (für 30 Stück)

50 g Ingwer
50 g Margarine
3 EL Milch
1 Prise Salz
100 g Zucker
1 Päckchen Vanillezucker
75 g Mehl
100 g Mandelblättchen

Zubereitung

Ingwer schälen und fein reiben. Margarine auf dem Herd oder in der Mikrowelle schmelzen. Nacheinander Milch, Salz, Zucker und Vanillezucker zugeben und alles miteinander verrühren. Backofen auf 200 °C (Umluft: 180 °C) vorheizen. Ingwer und Mehl zur geschmolzenen Margarine geben und mit einem Schneebesen kräftig unterrühren. Die Mandelblättchen unterheben.

Je 1 Teelöffel Teig auf ein mit Backpapier ausgelegtes Backblech geben und etwas flach drücken. Zwischen den Keksen etwas Platz lassen, damit sie beim Backen nicht aneinander kleben. Die Kekse im vorgeheizten Backofen ca. 10 Minuten backen, aus dem Backofen nehmen und auf einem Kuchengitter auskühlen lassen.

Klosterwissen

In dem um 795 entstandenen „Lorscher Arzneibuch", dem ältesten uns heute bekannten Buch der Klosterheilkunde, wird die Heilpflanze Ingwer sehr häufig genannt. Er lindert Verdauungsbeschwerden, wirkt entzündungshemmend und leistete auch Missionsmönchen gute Dienste als Mittel gegen Reisekrankheit und Übelkeit. Hildegard von Bingen nahm in ihr Werk „Physica" ein Rezept für Ingwertörtchen auf.

Zitronenplätzchen

Zutaten (für 30 Stück)

80 g Mandeln (gemahlen)
150 g Butter
75 g Zucker
Salz
abgeriebene Schale von 4 unbehandelten Zitronen
6–7 EL Zitronensaft
1 Ei
225 g Mehl
100 g Aprikosenfruchtaufstrich
70 g Puderzucker

Zubereitung

Mandeln mit Butter, Zucker, 1 Prise Salz, Zitronenschale (2 Esslöffel übrig lassen), 1–2 Esslöffel Zitronensaft, Ei und Mehl mit den Knethaken des Handrührers zu einem glatten Teig verkneten. Dann zügig mit den Händen verkneten, zu einer Kugel formen und in Folie gewickelt mindestens 1 Stunde kalt stellen.

Den Teig auf einer bemehlten Arbeitsfläche nochmals durchkneten und zu zwei Rollen à ca. 15 Zentimeter Länge formen. In Folie gewickelt über Nacht kalt stellen.

Backofen auf 200 °C (Umluft: 180 °C) vorheizen. Jede Rolle in 15 Scheiben schneiden und auf mit Backpapier belegte Backbleche legen. Im vorgeheizten Backofen ca. 10–12 Minuten backen.

Fruchtaufstrich bei milder Hitze erwärmen, 1 Esslöffel abgeriebene Zitronenschale und 2 Esslöffel Zitronensaft einrühren und 15 Plätzchen damit großzügig auf der Oberseite einpinseln und auf einem Gitter kalt werden lassen.

Puderzucker mit 1 Esslöffel abgeriebener Zitronenschale und 2–3 Esslöffeln Zitronensaft glatt rühren. 15 Plätzchen mit der Oberseite in den Guss tauchen, abtropfen lassen und auf einem Gitter fest werden lassen.

Rosinenkleckse

Zutaten (für 50 Stück)

150 g Butter
125 g Zucker
1 Päckchen Vanillezucker
1 Prise Salz
2 Eigelb

300 g Mehl
1 TL Backpulver
2 EL Kakao
1 TL Zimt
3 EL Sahne

½ Fläschchen Bittermandelaroma
125 g Mandelstifte
20 g Orangeat
150 g Rosinen

Zutaten

Butter, Zucker, Vanillezucker, Salz und Eigelb in einer Schüssel schaumig rühren. Mehl mit Backpulver, Kakao und Zimt mischen, zugeben und alles zu einem glatten Teig verrühren. Sahne und Bittermandelaroma zugeben und unterrühren.

Backofen auf 180 °C (Umluft: 160 °C) vorheizen. Mandelstifte, Orangeat und die Rosinen unter den Teig heben. Die Rosinenhäufchen mithilfe von 2 Teelöffeln auf ein mit Backpapier ausgelegtes Backblech setzen und im vorgeheizten Backofen ca. 15–20 Minuten backen.

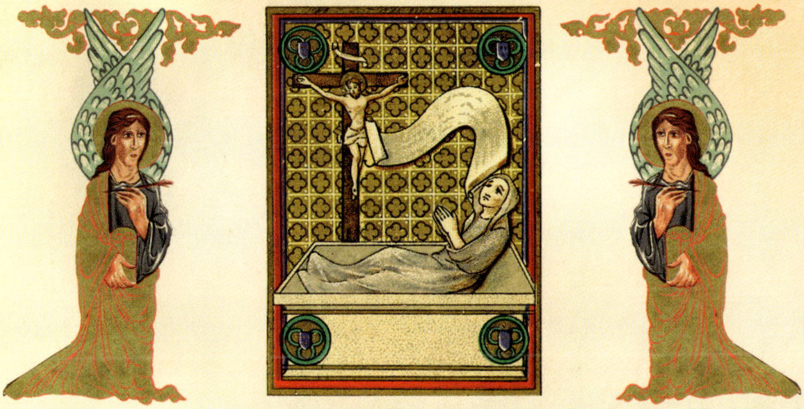

Walnussplätzchen

Zutaten (für 30 Stück)

150 g Zucker
120 g Butter
2 Eigelb
150 g Mehl
1 TL Backpulver
150 g Walnüsse (gemahlen)
½ TL Lebkuchengewürz
2 TL Zimt
etwas abgeriebene Schale von
1 unbehandelten Zitrone
1 Prise Salz
30 Walnusshälften

Zubereitung

Zucker, Butter und Eigelb in einer Schüssel schaumig rühren. Die restlichen Zutaten bis auf die Walnusshälften zugeben und zu einem Teig verkneten. In Alufolie einschlagen und im Kühlschrank ca. 30 Minuten kalt stellen.

Backofen auf 190 °C (Umluft: 170 °C) vorheizen. Aus dem Teig zwei ca. 30 Zentimeter lange Rollen formen, von jeder Rolle 15 gleich große Teilstücke abschneiden, diese leicht rund formen und auf ein mit Backpapier ausgelegtes Blech legen.

Jedes Plätzchen mit einer Walnusshälfte belegen und im vorgeheizten Backofen ca. 12–15 Minuten backen.

„Und die Getränke trug man auf
in goldenen Gefäßen, von denen keins
wie das andere war…“

(Ester 1,7)

Kalte und warme Getränke

Fencheltee

Zutaten

1 TL Fenchelsamen

1 Prise Zimt

Zubereitung

Fenchelsamen mit 1 Liter Wasser zusammen in einen Topf geben und erhitzen. Kurz vor dem Kochen von der Herdplatte ziehen und ca. 2–3 Minuten ziehen lassen.

Fenchelsamen über einem Sieb abgießen und Tee warm genießen. Nach Belieben eine Prise Zimt in den Tee geben.

Tipp Auf die gleiche Weise lässt sich auch ein Rosenblütentee zubereiten.

Pfefferminztee

Zutaten

4 Stängel frische Pfefferminze

Rohrzucker

Zubereitung

Pfefferminze waschen und in eine Teekanne geben. Mit 1 Liter kochendem Wasser überbrühen und ca. 2–3 Minuten ziehen lassen.

Nach Belieben mit Rohrzucker süßen. Der Tee kann warm oder gekühlt getrunken werden.

Tipp Dieser Tee schmeckt mit etwas Apfelsaft gemischt sehr gut.

Ingwertee

Zutaten

1 Stück Ingwer (ca. 3 Zentimeter)
Saft von 1 Zitrone
Honig

Zubereitung

Ingwerwurzel schälen, in Scheiben schneiden und in einen Standmixer geben. Mit 100 Millilitern heißem Wasser aufgießen und ca. 30 Sekunden lang pürieren. Danach in eine Thermoskanne geben und mit 1 Liter heißem Wasser aufgießen. Ca. 30 Minuten ziehen lassen.

Ingwerstückchen über einem feinen Sieb abgießen und das Ingwerteewasser mit frisch gepresstem Zitronensaft und Honig nach Belieben verfeinern.

Tipp Je länger der Tee durchzieht, umso schärfer wird er. Der Tee ist gut gegen Erkältungen, Bauchschmerzen und regt die Magen-Darm-Tätigkeit an.

Apfeltee mit Zimt

Zutaten

4 EL Apfelschalen
½ Zimtstange
2 Gewürznelken
1 Msp. Galgantpulver
150 ml naturtrüber Apfelsaft
1 EL Honig

Zubereitung

1 ½ Liter Wasser mit Apfelschalen und Gewürzen aufkochen und ca. 5 Minuten ziehen lassen.

Tee abseihen und den Apfelsaft zugeben. Den Honig darin auflösen, abschmecken und nach Wunsch nachsüßen. Heiß oder warm servieren.

Mandelmilch

Zutaten

120 g Mandeln (geschält)
1 l Milch
4 EL Honig
8 EL Schlagsahne

Zubereitung

Mandeln in einer Pfanne ohne Fett unter Rühren leicht anrösten, abkühlen lassen.

Mandeln und etwas Milch in der Küchenmaschine fein pürieren. Restliche Milch und Honig zufügen und gut durchmixen.

Sahne steif schlagen und unterrühren. Mandelmilch in Gläser füllen und servieren.

Orangen-Nuss-Milch

Zutaten

4 Äpfel
4 EL Haselnüsse (geschält)
4 EL Sanddornsaft
2 EL Zitronensaft
Saft von 4 Orangen
4 TL Honig
800 ml Milch

Zubereitung

Äpfel waschen, schälen, vierteln und Kerngehäuse entfernen. Nüsse in der Küchenmaschine sehr fein mahlen. Äpfel zufügen und ebenfalls gut zerkleinern.

Sanddorn-, Zitronen- und Orangensaft sowie Honig zufügen und sorgfältig mixen. Milch zufügen, gut unterrühren und Getränk auf vier Gläser verteilen.

Buttermilch mit Äpfeln

Zutaten

2–3 Stängel Zitronenmelisse
1 l Buttermilch
4 Tassen Apfelmus
1 EL Zitronensaft
1 Prise Zimt

Zubereitung

Zitronenmelisse waschen, trocken schütteln, Blättchen von den Stängeln zupfen und fein hacken.

Zitronenmelisse, Buttermilch, Apfelmus und Zitronensaft in einen Mixer geben und gut durchmixen. Mit Zimt abschmecken.

Kräutermilch

Zutaten

50 g Kräuter (z. B. Petersilie, Schnittlauch, Kerbel)
250 ml Milch
250 ml Buttermilch
Saft von ½ Zitrone
Salz
frisch gemahlener Pfeffer

Zubereitung

Kräuter waschen und fein hacken. Milch, Buttermilch und Kräuter in einem Mixer gut durchmixen.

Mit Zitronensaft, Salz und Pfeffer abschmecken.

Kloster Walkenried

Im Zisterzienser Museum findet jährlich ein Klostermarkt statt, zu dem die verschiedensten Klöstergemeinschaften zusammenkommen und ihre klostereigenen Produkte verkaufen. Darunter befinden sich natürlich Liköre, Käse, Wurst, Brot, Kräuterdestillate und Spirituosen, aber auch Kerzen, Kunstgegenstände, Bücher und spirituelle Gegenstände. Auf dem Klostermarkt lässt sich ein Einblick in viele verschiedene Orden, ihre Lebensweise und ihre Produkte gewinnen.

Likör aus schwarzen Johannisbeeren

Zutaten

1 kg reife schwarze Johannisbeeren
2 Gewürznelken
600 g Zucker
2 l Weinbrand

Zubereitung

Johannisbeeren waschen, von den Rispen streifen und etwas andrücken. In einen Steinguttopf geben, mit Weinbrand auffüllen und 2 Gewürznelken zugeben. Den Topf verschließen und bei Zimmertemperatur ca. 8 Wochen ziehen lassen.

Zucker und 250 Milliliter Wasser sirupartig einkochen und abkühlen lassen. Likör durch ein Tuch filtern und gut ausdrücken. Zuckermischung unterrühren. Johannisbeerlikör in saubere Flaschen füllen und verschließen.

Tipp Den optimalen Geschmack erreichen die Fruchtliköre durch längeres Lagern in den Flaschen. Johannisbeerlikör eignet sich für Desserts, beispielsweise über Vanilleeis, auf Crêpes, in Fruchtsoßen oder in Mixgetränken.

Pfefferminzsirup

Zutaten

4 Bund Pfefferminze
4 unbehandelte Zitronen
4 kg Rohrzucker
50 g Zitronensäure

Zubereitung

Minze waschen, trocken schütteln, Blätter von den Stängeln zupfen und fein hacken. Zitronen in Scheiben schneiden. Minze, Rohrzucker, Zitronenscheiben und Zitronensäure in einen Krug mit 2 Litern kaltem Wasser mischen.

Krug ca. 1 Woche stehen lassen und einmal am Tag umrühren, damit sich der Zucker auflöst. Sirup über einem Sieb abgießen und in Flaschen füllen.

Honigwein (Met)

Zutaten

3 kg Honig
1 EL Zimt
1 EL Fenchelsamen
1 Päckchen Reinzuchthefe

Zubereitung

5 Liter Wasser und Honig in einen großen Topf geben und aufkochen lassen. Gewürze zufügen und Honigsud aufkochen lassen.

Hefe zerbröckeln, mit etwas Wasser mischen und in den Honigsud geben. Sud in einen Gärballon gießen und mit einem Gärverschluss gut verschließen.

Bei Raumtemperatur ca. 2 Wochen gären lassen. Wenn keine Kohlensäure mehr aufsteigt, den Honigwein durch ein Tuch abseihen und in Flaschen füllen.

Tipp Der fertige Met ist ca. 3 Monate haltbar.

Himbeersaft

Zutaten

2 kg Himbeeren
etwa 1 kg Gelierzucker

Zubereitung

Beeren gut waschen und abtropfen lassen, etwas zerdrücken und mit 500 Milliliter Wasser zum Kochen bringen. Die Kochzeit beträgt ca. 5 Minuten.

Fruchtbrei durch ein Tuch ablaufen lassen. Pro 1 Liter Saft werden 400 Gramm Gelierzucker benötigt. Saft abmessen, mit entsprechender Gelierzuckermenge verrühren, zum Kochen bringen und ca. 4 Minuten kochen lassen.

In saubere Flaschen abfüllen und verschließen.

Eistee

Zutaten

Pfefferminzblätter (getrocknet)
Melissenblätter (getrocknet)
Himbeerblätter (getrocknet)
Brennnesselblätter (getrocknet)
Hibiskusblüten
Hagebutten
Sternanis
Fenchelsamen
Zitrone

Zubereitung

Pfefferminzblätter, Melissenblätter, Himbeerblätter, Brennnesselblätter, Hibiskusblüten, Hagebutten, Sternanis und Fenchelsamen nach Belieben mischen.

4 Teelöffel dieser Mischung mit 1 Liter heißem Wasser überbrühen und ca. 5 Minuten ziehen lassen. Tee über einem Sieb abgießen und abkühlen lassen. Zitrone in Scheiben schneiden und in den Eistee geben.

Holundersirup

Zutaten

1 ½ kg Holunderbeeren
400–500 g Gelierzucker
1 Zitrone

Zubereitung

Holunderbeeren waschen und mit einer Gabel von den Stielen zupfen.

Beeren mit 500 Milliliter Wasser zum Kochen bringen. Ca. 2–3 Minuten köcheln. Über einem Sieb abgießen und den Saft abmessen. Auf 1 Liter Saft 300 Gramm Gelierzucker abwiegen. Zitrone auspressen.

Saft, Gelierzucker und Zitronensaft nochmals für ca. 5 Minuten aufkochen und heiß in saubere Flaschen abfüllen.

Erdbeerbowle

Zutaten

500 g frische Erdbeeren
Erdbeerlikör
2 Flaschen Weißwein
1 TL abgeriebene Schale von 1 unbehandelten Zitrone
1 Flasche Sekt
etwas Zucker

Zubereitung

Erdbeeren waschen und putzen, vierteln und in ein Bowlenglas oder ein anderes Glasgefäß geben. Etwas Erdbeerlikör über die Erdbeeren geben und ca. 2 Stunden im Kühlschrank marinieren lassen.

Dann die erste Flasche Weißwein aufgießen und die Zitronenschale zugeben. Ca. 1 Stunde ziehen lassen und dann die zweite Flasche Wein und den Sekt zugeben. Zucker nach persönlichem Geschmack zufügen.

Apfel-Basilikum-Bowle

Zutaten

1 ½ Bund Basilikum
2 l Apfelwein

1 Netzmelone
2 Äpfel

6 EL Zucker

Zubereitung

Basilikum waschen und trocken schütteln. Einige Stängel in ein Bowlenglas legen, die Hälfte des gut gekühlten Apfelweins zugießen und ca. 2 Stunden ziehen lassen.

Basilikum aus der Bowle nehmen. Blätter des restlichen Basilikums von den Stängeln zupfen, fein hacken und in das Bowlenglas geben.

Melone halbieren, Kerne entfernen und mit einem Kugelausstecher Kugeln ausstechen. Äpfel waschen, halbieren, Kerngehäuse entfernen und ebenfalls Kugeln ausstechen.

Fruchtkugeln in die Bowle geben, restlichen Apfelwein zugeben, mit Zucker süßen. In Gläser anrichten und mit Basilikum garnieren.

Tipp Für eine alkoholfreie Bowle den Apfelwein je zur Hälfte durch Mineralwasser und naturtrüben Apfelsaft ersetzen.

Register

Impressum

Wiesenstrasse 37, 9011 St. Gallen, Schweiz
www.otus.ch
www.facebook.com/otusverlag

ISBN 978-3-03793-456-2

Konzeption und Illustrationen: Eckhard Freytag
Realisation und Producing: twinbooks, München
Redaktion: twinbooks, München (Viktoria Schuster)

Text- und Abbildungsverzeichnis:
Alle Abbildungen Eckhard Freytag
Texte Brigitte Karg, Susanne Rieder, Gesa Scheziat, Viktoria Schuster, Dr. Sonja Vielei (Einleitung)

STELLA
MARIS
QUOD SEQUIT